Survivre à la jungle TINDERIENNE

Swipe, like et trouve
le bon match !

Tinder est une marque enregistrée déposée à la société Match Group.
Tinder n'a pas participé à la conception de l'ouvrage ; ce dernier n'engage que ses auteurs et la maison d'édition.

Correction : Pauline Contant
Design de couverture : Léa Morineau
Créa graphique et mise en page : Léa Morineau
Illustrations : Léa Morineau
Illustrations des pages 28 à 30 : Istock : Michel Ange © GeorgiosArt ; Jules César © bahaus1000 ; Cléopâtre © duncan1890. Shutterstock : Léonard de Vinci © Everett Collection ; « Mona Lisa » de Léonard de Vinci © Oleg Golovnev ; Alexandre le Grand © Andreas Wolochov ; Marie Curie © Everett Collection ; Henri VIII d'Angleterre © Morphart Creation.

10, place des Cinq-Martyrs-du-Lycée-Buffon
75015 Paris – France
ISBN : 979-10-285-2727-3

Pauline Gareau,
Thomas Emery
@tinder_et_ses_pepites

Survivre à la jungle TINDERIENNE

Swipe, like et trouve le bon match !

LEDUC

TABLE DES MATIÈRES

L'application de toutes les émotions

INTRODUCTION
LA JUNGLE TINDERIENNE

Tu connais forcément quelqu'un – et ce quelqu'un, c'est peut-être toi – qui a utilisé ou utilise l'une des nombreuses applications de rencontre existant sur le marché.

La promesse est forte : n'importe où, à n'importe quel moment, tu peux faire défiler des milliers de profils de personnes qui, autour de toi, souhaitent faire des rencontres (bon, sauf dans les coins un peu perdus où ça doit plus se compter en dizaines... dédicace à tous les Creusois !). L'accès est illimité et gratuit... c'est même tellement tentant que les couples les plus solides commencent à regretter d'avoir débuté leur idylle trop jeunes et d'avoir loupé l'ère du swipe.

Tinder figure parmi les applications historiques les plus célèbres.
C'est en 2012 que cette appli fait son trou (sans jeu de mots) et devient une des premières du genre, malmenant au passage les sites de rencontre. D'ailleurs tu noteras que fut un temps, pour les moins jeunes, on parlait de sites de rencontre – maintenant, on parle d'appli !

Bref, Tinder débarque et révolutionne le monde de l'Amour : depuis ton canapé, au travail ou sur le trône, la rencontre de ta nuit ou de ta vie se joue sur un swipe.[1]

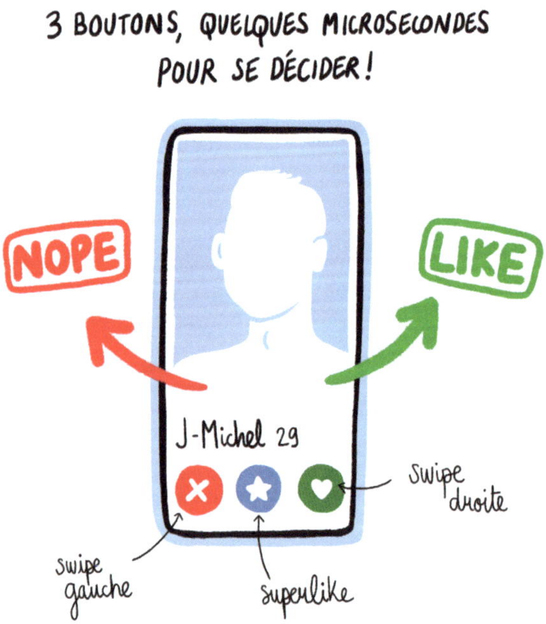

SWIPE GAUCHE
Je ne souhaite pas connaître cette personne : aka NEXT

SUPERLIKE
Coup de love/Crush/Coup de foudre : il FAUT que cette personne me remarque

SWIPE DROITE
J'aimerais connaître cette personne : aka JE LIKE

[1] Pour les noobs : le swipe = le mouvement avec le pouce pour tourner les pages

On pourrait croire qu'il n'a jamais été aussi facile de se rencontrer !

Pourtant, cette jungle immense qui a détrôné les bals, les petits mots doux, les appels téléphoniques, les lettres d'amour, les annonces, voire la drague lourde en boîte, est un monde plus complexe qu'il n'y paraît : l'offre est tellement importante qu'il faut savoir se « vendre » et se démarquer pour rester dans le *game*.

Finalement, il faut l'admettre, la jungle Tinderienne est impitoyable : c'est un véritable parcours du combattant. Pour arriver au niveau final, les épreuves sont nombreuses, autant que les pièges à déjouer !

Alors accroche-toi...

Bienvenue dans la jungle Tinderienne !

Mais que veut dire Tinder ?

Tinder, c'est plus de 60 millions d'utilisateurs : le mot est entré dans le vocabulaire de tous les jours. Tinder, c'est aussi courant que le bonjour du matin.
Il n'est pas rare d'entendre au cours de la journée :

« Tu es encore sur Tinder ? »

« Alors ça matche un peu sur Tinder ? »

« Et au fait, ton *date* Tinder ce week-end c'était comment ? »

« Montre-moi un peu ton Tinder, là. »

Pauline : C'est la question que te pose fréquemment ta collègue Virginie, en couple depuis ses 15 ans...

L'application est tellement ancrée dans notre quotidien que lorsqu'on demande à de jeunes tourtereaux comment ils se sont rencontrés, il arrive désormais qu'on soit méga surpris quand ils répondent autre chose que « sur les applis de rencontre » : « Mais nan ! Vous ne vous êtes pas rencontrés sur Tinder ?! Bah vous avez fait comment ? »
C'est le monde à l'envers.

Tinder est devenu la norme. Les rencontres en dehors de cette appli sont aujourd'hui des exceptions.

C'est en 2012 que les trois fondateurs de Tinder se sont mis en quête d'un nom pour leur nouveau concept tournant autour des rencontres et de la petite étincelle. Lors d'une interview, en 2014, Jonathan Badeen explique que le nom initial de l'application était MatchBox (= boîte d'allumettes) mais qu'ils n'étaient pas totalement convaincus.

En cherchant dans le champ lexical du feu (et des petits bouts de bois inflammables), ils ont fini par tomber sur un mot du dictionnaire qui leur est apparu comme une évidence :

Definition of tinder (noun)[2]

1. A very flammable substance adaptable for use as kindling.
2. Something that serves to incite or inflame. "That rhetoric was ready tinder for revolution." – Margaret Peters

Traduction en français :

1. Une substance très inflammable pouvant être utilisée comme bois d'allumage.
2. Quelque chose qui sert à inciter ou à enflammer.

De fait, Tinder désigne un départ de feu, l'étincelle entre deux personnes... autrement dit : « le match ».

L'emblématique logo avec sa flamme prend alors tout son sens.

Que les plus romantiques d'entre nous (#teambisounours) se détrompent, Tinder n'a rien à voir avec le mot « Tender », qui signifie tendresse en anglais.

[2] https://www.merriam-webster.com/dictionary/tinder

D'ailleurs, ne t'est-il jamais arrivé de développer une paranoïa aiguë et d'entendre le mot Tinder, même quand ça n'a rien à voir avec le contexte ?

• En famille : « Tu aides les petits à trouver leur ~~Kinder~~ Tinder Surprise dans le jardin ? »

• Entre amis : « Tu es capable de manger combien de ~~tenders~~ Tinder KFC en une soirée ? »

• Au travail : « Tu as répondu au ~~tender~~ Tinder (N.D.L.R : appel d'offres) reçu aujourd'hui ? »

• En vacances : « On fait une sortie ~~tender~~ Tinder en mer ? »

Et toi, quel est ton lapsus révélateur ?

____

____

____

Sauter dans le grand bain

Te souviens-tu de la première fois que tu as téléchargé l'application, et dans quelles circonstances c'était ?

- ☐ Après une rupture ?
- ☐ Un matin au réveil ?
- ☐ Un soir solo ?
- ☐ En délire avec des potes ?
- ☐ En journée, après une discussion avec tes collègues mariés ?
- ☐ Le 21 décembre 2012 (fin du monde et calendrier maya) ?
- ☐ Juste par curiosité, vu que tout le monde en parle.
- ☐ Lors d'une phase de besoins sexuels non assouvis ?
- ☐ En confinement ?
- ☐ Après avoir lu ce livre ?
- ☐ ____________________
- ☐ ____________________

Prononcer Tïn-deur, comme douleur ou bonheur. Hasard ? Je ne crois pas !

Pour les non-initié(e)s, quelques rappels essentiels. Tinder, c'est :

Pauline : 30 secondes (ou moins), c'est le temps qu'il faut pour analyser un profil et décider de la possibilité d'une rencontre pour 50 % des utilisateurs.

- Une application gratuite sur téléphone ;
- Un catalogue géant dont tu tournes les pages ;
- Chaque nouvelle page = un nouveau portrait ;
- En quelques secondes, tu es convaincu(e) (ou non) par cette personne :
  - Si tu l'es, ça swipe à droite ;
  - Si tu ne l'es pas, ça swipe à gauche ;
- Si deux personnes ont swipé à droite = se sont likées mutuellement, il y a « compatibilité », autrement dit : le match. C'est à ce moment-là qu'elles peuvent engager la conversation.

Depuis sa création, l'application a également développé de nombreuses fonctionnalités que nous détaillerons un peu plus loin.

Tu l'auras compris, tout se joue en très peu de temps.

NAISSANCE DE LA T&P FAMILY

Les médicaments ont leurs génériques, les marques de luxe ont leurs contrefaçons, les crocs ont leurs adeptes (ah non, aucun rapport), et Tinder a ses pépites !

Qu'est-ce que la T&P Family ?

T&P, ça veut dire Tinder & ses Pépites, mais aussi Thomas & Pauline.
À la base, c'est une page Instagram : @tinder_et_ses_pepites, née au XXIe siècle (genre c'est super vieux). La page compilait les profils Tinder les plus loufoques avant de former progressivement une grande communauté/une famille où l'on partage plus que des fous rires.
En effet, on partage aussi nos galères, nos doutes, nos *dates* ratés et nos *dates* extraordinaires.

Rire ou pleurer ? À toi de voir. Mais impossible de ne pas se dire « Mais nan, elle a osé ! » ou « Ça marche, une bio comme ça ? » en naviguant sur la page Insta.

Thomas : J'ai créé la page Insta après m'être rendu compte avec une amie qu'il y avait des pépites de tous les côtés !

Qui sommes-nous ?

PAULINE	THOMAS
• **La trentaine entamée** La moitié passée en *dates* Tinder • **Taureau** *Inutile de préciser pourquoi (Cf. quelques chapitres + loin)*	• **La trentaine +4** • **Balance** balance toutes vos pépites *Ex-expert Tinder : suite à une entorse du pouce, son médecin lui a recommandé de supprimer l'application*

D'ailleurs, étant donné que nous n'avons pas vécu les mêmes expériences et que nous sommes des commères aguerries, tu trouveras tout au long du livre nos petits commentaires parfois divergents !

Ah oui, et avant de te faire des plans sur la comète :

Pauline : Incompatibilité numérologique et astrologique.

Thomas : Incompatibilté de conneries oui !

NON, nous ne sommes pas en couple.
NON, nous ne nous sommes pas rencontrés sur Tinder.
OUI, nous sommes des potes à la compote !

Mais comment naissent ces pépites ?
Pourquoi y en a-t-il autant,
et même de plus en plus ?
Quels sont les trucs et astuces pour réussir ?
Décryptons ensemble cette jungle si cruelle !

Coucou
c'est nous !

Pris en flagrant délit de swipe

Faire son plus beau sourire et agir comme si c'était tout à fait normal !

Dans les transports, j'ai swipé à gauche et une vieille dame m'a dit : « C'est dommage, elle était mignonne. »
Raphaël

La notification qui apparaît au moment où tu présentes ton QR code #covid.
Hugo

Par ma grand-mère :
« Mais qui sont toutes ces jolies filles, ce sont tes copines ? »
Non, Mamie.
Gabriel

Cramé par mon *date* qui m'a surpris pendant que je l'attendais. Malaise dès le début, mais après ça s'est bien passé.
Adam

Dans une boutique de téléphonie, alors qu'on faisait le changement de téléphone, le vendeur m'a dit : « Vous avez des notifications. »
Marie-Louise

La DRH qui rentre d'un coup dans mon bureau alors que mon téléphone affiche le profil d'un boy (aujourd'hui mon copain).
Lina

En salle des profs, la petite notification qui indique un match. Oups.
Emma

Chopée en train de swiper en salle d'attente par mon gynécologue. Pendant mon rdv, il me demande si j'ai un partenaire sexuel permanent. Je réponds oui.
Laura

En amphithéâtre à l'université. Quelqu'un a filmé. La vidéo s'est retrouvée sur les réseaux.
Léo

Après une séance olé olé avec une nana rencontrée sur Tinder. Elle ne l'a pas très bien pris. #reflexdescroller
Thibault

Ça dépend si on est en couple ou célibataire ! Mais en couple non libre, ça passe mal. Je confirme.
Noé

Au travail : deux de mes patrons étaient derrière moi et commentaient : « Pas assez bien pour vous, faites-nous voir le prochain. »
Charline

Quand ton ordinateur est relié à ton téléphone et que la notification apparaît pendant que tu projettes devant un groupe de personnes.
Zélie

Pendant un cours, le prof m'a demandé ce que je faisais. J'ai dû aller sur l'estrade et expliquer à tout l'amphi que j'étais sur Tinder.
Corentin

J'ai pris le train pour aller voir mon crush à 200 km de chez moi. Une fois arrivée chez lui, il s'est mis à liker des meufs sur Tinder et d'autres applications !
Cécile

Par mes neveux et nièces, qui me demandaient à quel jeu je jouais et voulaient y jouer aussi.
Comme j'ai refusé, ils sont ensuite allés chouiner auprès de leurs parents. J'ai dû expliquer à quoi « je jouais ».
Hélène

Par ma collègue de travail, qui m'a vu en train de swiper alors que j'ai un gros crush sur elle.
Jordi

Après un super voyage en Colombie, je montre une vidéo sur mon téléphone à mes parents et les notifications apparaissent avec des extraits de messages torrides.
Wendy

MAIS POURQUOI ?

Oui, pourquoi l'Univers nous pousse-t-il à aller sur Tinder (puis à désinstaller et à réinstaller l'appli 500 fois) ?

Parce que OUI, il faut toujours un bouc émissaire, surtout quand ça fait des heures que tu swipes et que concrètement tu te dis : **MAIS QU'EST-CE QUE JE SUIS EN TRAIN DE FAIRE ?**

Mais commençons par le début : qui n'a jamais entendu parler de Tinder ? Histoires pittoresques ou peu glorieuses ? Qu'importe, l'application est mondialement connue : impossible de passer à côté !
Nous sommes inexorablement attiré(e)s par cette application rose à la flamme blanche. C'est comme le fruit défendu.

D'ailleurs, lorsqu'on est en couple, il n'est pas rare de jeter un petit coup d'œil sur le téléphone de son/sa pote pour voir un « peu » ce qui se fait sur le marché ; pote qui au final attend gentiment que l'on finisse de faire mumuse avec son téléphone.

Mais il faut se l'avouer, que ce soit pour trois minutes ou pour trois heures, on finit un jour ou l'autre par craquer et l'installer ; puis par espérer que ça marche.

La liste des excuses

Pourquoi l'Univers nous pousse-t-il à nous lancer sur les applications de rencontre, à y revenir et à réessayer, encore et encore...

Si tu coches plus de 3 cases, c'est que l'Univers t'a poussé(e) bien bien fort !

- [ ] Parce qu'à tous les événements familiaux, Mamie te demande où est passée ta moitié.
- [ ] Parce que tes potes ne parlent que de grossesse et de bouillie mâchée pour bébés.
- [ ] Parce que tu viens de te faire larguer comme un caca et que ton ego a besoin d'un pansement.
- [ ] Parce qu'on ne te demande même plus si tu viens accompagné(e) tellement ça fait longtemps que tu es solo.
- [ ] Parce que swiper sur ton canapé, c'est tellement plus simple que de devoir te préparer.
- [ ] Parce que depuis ton divorce, tu ne sais plus trop comment t'y prendre.
- [ ] Parce qu'il paraît que Bradley Cooper y est.
- [ ] Parce qu'avec les enfants tu n'as pas le temps d'aller dragouiller (même pas le temps d'aller faire pipi).
- [ ] Parce que la livraison à domicile, c'est tellement plus simple que la vente à emporter.
- [ ] Parce que ça ne coûte rien d'y jeter un œil (et d'y rester pendant plusieurs années).
- [ ] Parce que ça fait trop longtemps que le contrôle technique n'a pas été fait.
- [ ] Parce que parler de ta passion pour les pieds, c'est bien plus facile par messages interposés.
- [ ] Parce que tu dois savoir si ton ex y est.
- [ ] Parce que ton sex-toy est en panne et que tu ne le récupéreras que dans quelques jours.
- [ ] Parce que tu pourras peut-être réussir à boire (et à manger !) gratos.

- [ ] Parce que tu n'as rien (mais alors rien) planifié ce week-end.
- [ ] Parce que tu te fais friendzoner à chaque soirée, et que c'est gavant.
- [ ] Parce que tu recherches un géniteur avec une bonne tête (QI en option).
- [ ] Parce que peut-être que le mannequin que tu viens de croiser dans la rue y sera.
- [ ] Parce que DD a trouvé l'amour sur Tinder, alors pourquoi pas toi ?
- [ ] Rectification : parce que DD y a trouvé le meilleur coup de sa *life*. Alors pourquoi pas toi ?
- [ ] Parce que se connecter, ce n'est pas tromper (voir avec un avocat).

Et toi, cher/chère lecteur/lectrice, **POURQUOI** l'Univers t'a-t-il un jour poussé(e) à télécharger Tinder, ou une autre application du même genre ?

Pauline : Écrire un livre sur le sujet. Best excuse.

- [ ] ______
- [ ] ______
- [ ] ______
- [ ] ______
- [ ] ______
- [ ] ______

Et c'est comment ailleurs ?

Tinder est loin d'être la seule application pour faire des rencontres, même si elle reste le leader incontesté en Europe et dans les pays occidentaux.

D'après toi, combien y a-t-il d'applications de rencontre sur le marché ?

- 5-10
- 11-50
- 50-100
- + 100

Réponse +100

Il en faut pour tous les goûts, et on a envie de dire : tant mieux !
Parfois, notre mode de vie fait qu'il n'est pas simple de trouver une compatibilité amoureuse. Alors, si une application de rencontre filtre pour nous, que demande le peuple ?

Il y en a donc plus d'une centaine, et on peut lister les applications spécialisées (véganisme, musique, voyages, etc.), d'autres plus ou moins connotées (libertinage, extra-conjugale, seniors, etc.), mais également celles qui sont liées aux croyances, aux orientations sexuelles, etc.
Ci-dessous une liste non exhaustive des applications de rencontre figurant parmi les plus utilisées en France. De quoi varier les plaisirs et/ou maximiser ses chances :

- Fruitz
- Happn
- AdopteUnMec
- Pure
- OkCupid
- Bumble
- Louise
- Gabbie

Il n'est d'ailleurs pas rare de croiser le même profil sur plusieurs applications de rencontre ! Mais est-ce que ça joue en notre faveur ?

a. On peut se dire que c'est un coup du destin : « Bon, ça fait 50 fois que je le/la vois, et en plus sur plusieurs app. Je devrais peut-être matcher ! »

b. Lourdeur : « Nan mais encore elle/lui, ce n'est pas possible elle/il est partout ! Elle/il doit être désespéré(e) » [N.D.L.R : on oublie dans ces cas-là que pour faire cette constatation, il faut être dans la même situation.]

Pauline : Perso, c'est trop de gestion d'être sur plusieurs app en même temps !

c. Déception : « Ah, mais c'est la personne avec qui je discute depuis 1 semaine et qui m'a dit avoir supprimé Tinder... alors qu'elle vient d'apparaître sur Happn... NEXT. »

Tinder reste la référence car cette appli possède *a priori* le catalogue le plus important, et il y a donc plus de « chances » de matcher ! Cependant, il n'est pas rare de tester une autre application et de revenir sur Tinder (ou pas).

Elles ont toutes leur spécificité, mais gardent un même point commun :
CE SONT DES SOURCES INFINIES DE PÉPITES ! Dans ce livre, nous porterons surtout notre attention sur Tinder (car on maîtrise plutôt bien le sujet), mais le contenu de cet ouvrage s'applique évidemment aux autres sites !

SE TIRER LE PORTRAIT

Si tu vois à quoi ressemble l'intérieur d'un musée, tu sais qu'on tombe forcément à un moment ou à un autre sur une galerie de portraits (parfois il n'y a pas besoin d'aller très loin, pense au salon de papi et mamie).

Fut une époque où se faire tirer le portrait exigeait de rester des heures dans une position figée en attendant que le peintre finisse son œuvre. En plus de souffrir de quelques crampes et d'une déshydratation sévère, il était impossible pour le sujet de corriger le tir une fois le travail terminé : pas de Photoshop, pas de filtres, ni de lumières artificielles !

Fouille archéologique

La photo

Aujourd'hui, personne ne va peindre ton portrait pour alimenter ton Tinder, alors il n'y a pas d'autre choix que de t'y coller. On va être honnête, il est fort probable que la création de ton profil se fasse au moment où ton *sex appeal* est au plus bas. Telle une baleine échouée, tu es en mode avachi, pyjama et cheveux en pagaille sur le canap' ou dans ton lit.

De nos jours, le mode de torture a changé et se nomme SELFIE – il ne faut pas sous-estimer cet art, car se tirer le portrait demande du talent : il faut trouver la bonne lumière, le bon endroit, la bonne position, le bon filtre, etc.

C'est généralement en pleine séance photo que d'un coup ton téléphone n'a plus assez de batterie, et comme bien sûr ton espace de stockage est saturé, tu te retrouves à trier tes photos de l'été dernier pour faire de la place – ruinant ainsi tout élan photographique.

À défaut d'un selfie, autant prendre le chemin de la facilité et chercher une photo de toi qui a déjà été prise ! Sache que ça peut vite se transformer en une fouille archéologique de ton téléphone, et que tu risques de te perdre dans tes souvenirs en oubliant totalement l'objectif initial.

Thomas : Au moins, avant, il n'y avait pas de filtres, et donc pas d'erreurs sur la marchandise !

[Si tu es allé(e) chercher dans ton disque dur ou dans le cloud, c'est plus qu'une fouille : c'est une exploration aux origines de la Terre.]

Durant cette balade photographique, c'est généralement là que tu te rends compte :

- Que tu as beaucoup, beaucoup de photos que tu ne regardes jamais ;
- Que la dernière photo potable de toi remonte à dix ans ;
- Qu'il fut un temps où tu avais une sacrée passion pour les filtres Snapchat ;
- Que tu n'as que des photos de toi avec ton ex ;
- Que tu n'apparais sur aucune photo de groupe (bah oui, c'est toi qui prends les photos) ;
- Qu'il y a une époque où tu faisais un peu plus de sport qu'aujourd'hui ;
- Que ta vie sociale ne se prend pas en photo (#gaming) ;
- Que tu as plus de photos de ton chat et de ton assiette que de toi ;
- Que tu es le/la pote qui fait toujours le/la pitre ;
- Qu'il y a toujours des cadavres de bouteilles à côté de toi ;
- Que le bob et les lunettes de soleil ne font pas bon ménage ;
- Que tu t'es cherché(e) assez longtemps, capillairement parlant ;
- Que ce pantalon délavé que tu adorais était plutôt informe, finalement ;
- Que tes potes sont incapables de prendre une photo correcte de toi.

En désespoir de cause, tu tentes quand même le selfie improvisé dans les toilettes (bah oui, la lumière est bien), mais tu le regrettes vite. Quoique… on verra un peu plus loin que tout le monde ne le regrette pas !

La bio

Les photos Tinder ont un impact certain et peuvent aimanter les likes. Nous verrons un peu plus loin que pour se démarquer, certain(e)s n'ont pas froid aux yeux !

Mais l'autre étape à ne pas négliger dans l'élaboration du profil, c'est la biographie : elle peut faire basculer le/la swipeur(euse) hésitant(e) grâce à quelques bons mots ou à une petite touche d'humour subtile.

Les mêmes schémas se répètent inexorablement. Au siècle précédent, pour conquérir les cœurs/culs, on prenait sa plume et on couchait sur le papier des mots doux (et crus) !

La lettre pouvait mettre des jours, voire des semaines, à arriver à destination, et cette attente interminable laissait son auteur(e) en proie à des émotions intenses.

[Et si ma lettre s'était perdue en chemin ? Et si elle/il ne me répondait jamais ?]
Mais à cette époque, on savait déjà faire preuve de filouterie pour faire passer son message !

MINUTE CULTURE

Connais-tu les dessous de la relation épistolaire entre George Sand et Alfred de Musset ?

Ces deux remarquables auteurs romantiques se rencontrent lors d'un dîner en 1833. Pendant deux ans, grâce à de nombreuses lettres, ils laissent courir sur le papier leur amour charnel. Des poèmes sages en apparence, qui offrent parfois une double lecture particulièrement sulfureuse…

Alfred de Musset envoie…

Quand je mets à vos pieds un éternel hommage,
Voulez-vous qu'un instant je change de visage ?
Vous avez capturé les sentiments d'un cœur
Que pour vous adorer forma le créateur.
Je vous chéris, amour, et ma plume en délire
Couche sur le papier ce que je n'ose dire.
Avec soin de mes vers lisez les premiers mots,
Vous saurez quel remède apporter à mes maux.

George Sand répond…

Cette insigne faveur que votre cœur réclame
Nuit à ma renommée et répugne à mon âme.

Si tu n'as rien trouvé de sulfureux dans ces quelques lignes, c'est que tu ne connais pas l'acrostiche !
Lis maintenant le premier mot de chaque phrase… subtil !

Thomas : BAM ! Tu pourras désormais sortir ce joli mot savant lors de ton prochain *date*.

MERCI Alfred pour l'inspiration, car de nos jours ça fait toujours son petit effet et ça en a inspiré plus d'un(e).

Pauline : Ces deux-là ont des intérêts communs !

Manon 23
10 KM

Jolie
Épanouie

Souriante
Unique
Charismatique
Éblouissante

Fabien 40
20 KM

Spécialiste en nucléaire
Un doctorat en chimie
Cardiologue
Ethnologue
Métaphysique
Océanographe
Ingénieur

Pas besoin d'être surqualifée, j'ai juste besoin que tu saches lire entre les lignes

JB 32
10 KM

Si tu cherches un homme Généreux, Respectueux, Organisé, Sensible, Protecteur, Égayant, Naturel, Intelligent et Sincère.

Ou juste les initiales, ça marche aussi ;)

Cha 30
À 34 KM

Joueuse
Ouverte
Lunaire
Inspirée

Connectée
Unique
Libérée

Aventurière

Curieuse
Loyale
Authentique
Qualifiée
Usante
Efficace
Rusée

Hela 28
10 KM

Brillante, Aimable, Intelligente, Souple, Élégante, Méticuleuse, Objective, Intègre

The Exorcist, William Friedkin, 1973.

En revanche, il y a peut-être une chose qui s'est perdue au fil des siècles, c'est la passion pour les belles écritures et la prose. Désormais, plus besoin d'avoir un master en littérature pour rédiger sa biographie, mais il faut tout de même trouver assez d'inspiration pour se décrire subtilement.

Et ça se ressent clairement au vu de certains profils ; il faut parfois s'y prendre à deux fois avant de comprendre le message ! Petite dédicace aux phobiques de l'orthographe – autrement appelé(e)s « personnes souffrant de pédanterie grammaticale » –, nous vous autorisons à sauter cette page si vous ne souhaitez pas faire de malaise.

Vivien 31

3 KM

Gem la bagar et regardé le foot a la télé je sui a la recherche dune femme vivante pa belle sabstenir merci je sui tré baraké et simpa lol see you

Alex 33

20 KM

Venez me demender à direct sais mieux

Fidel 26

20 KM

Fais la kuisine bio sans gôut ni saveur

Vegan acceptés si bo sourire

Yass 22

À 34 KM

Sa svoit peux être pas come sa mes je suis super gentille

Snap: Yass-0pze jsuis actif laba

Pauline : Mayday ! Mayday !

En théorie, si on résume : te tirer le portrait pour Tinder consiste à trouver quelques photos de toi te présentant sous ton meilleur jour, à les saupoudrer de bons mots qui suscitent la curiosité et donnent le sourire, et le tour est joué ! **BIM BAM BOUM ! À toi les matchs à foison !**

Mélange des siècles

Du coup on a joué le jeu de la création de profils avec quelques VIP de l'Histoire :

ÇA SWIPE GAUCHE OU DROITE ?

Lisa 520
Cherche quelqu'un pour m'épingler contre le mur. On dira à nos parents qu'on s'est rencontrés au musée.

Cléopatre 2062
Je ne suis pas du genre à me laisser mener par le bout du nez.

Henry 470
J'ai fait décapiter ma dernière femme et je cherche à la remplacer. Swipe si tu veux être ma reine.

Alexandre 2064
Chez moi, il y a pas que mon nom qui est grand...

Leonard 571
Inventeur de... presque tout, haha. Mona Lisa sourit car je lui ai fait une petite blague salace. Je recherche mon partenaire dans le crime. Non, pour de vrai, j'ai besoin d'aide pour voler des cadavres et pour pouvoir les étudier.

Marie C. 156
Swipe à droite pour voir s'il y a une alchimie entre nous.

De jolies photos
1
une description gratinée
2
De la motivation pour liker
3
le COCKTAIL DE LA Déception

ConFESSions pas intimes 1

Il n'y a qu'à la T&P Family qu'on l'avoue… promis, ça reste entre nous !

J'ai fait semblant d'être adepte du bâillon pour qu'elle se taise car elle faisait des bruits atroces.
Lucas

J'envoie les mêmes nudes et sextos à plusieurs de mes *dates* : 1 pierre 2 coups.
Sophie

Il m'arrive d'enchaîner plusieurs *dates* dans une même journée ! Midi, après-midi et apéro avec des personnes différentes.
Noémie

3 ans que je suis casé. Parfois mes histoires sans lendemain me manquent.
Quentin

Premier *date*, on sexe et il me crache dessus en plein acte. J'ai bien aimé.
Leila

Mes potes ont supprimé mon Tinder pour pas que j'aille baiser pendant nos vacances tous ensemble.
Clément

J'ai un tableau Excel avec des graphiques de tous mes partenaires sexuels.
Karim

Mon plan Q est venu me voir au taff, on a testé la solidité de la table de la réserve.
Estelle

Je suis bannie de Tinder alors que j'ai créé une société pour aider les personnes à mieux draguer.
Axelle

Mes *dates* se sont croisés dans l'escalier de mon immeuble. Problème de timing entre le 1er et le suivant.
Krystel

Mon copain et moi venons d'apprendre que nous avons de l'herpès. Ambiance.
Caroline

J'ai couché avec mon médecin.
Bérénice

On s'est lancé un concours avec des potes... la champion's MILF.
Romain

Je me suis fait recaler à cause de mon âge qui était plus élevé sur mon profil alors que tout se passait à merveille entre nous.
Tristan

Je teste un soumis sexuel qui a une cage à pénis sur lui en continu depuis plusieurs jours.
Alice

Je suis tombé amoureux d'un mec qui vit à l'autre bout de la planète. J'ai pris l'avion, je le vois demain...
Stephan

J'ai sexté avec un homme qui a 9 ans de moins que moi, c'est vivifiant !
Julia

J'ai couché avec une femme dans son jardin pendant que son mari dormait.
Vivien

J'ai vomi sur le dos d'une nana en levrette.
Julian

Très envie de rencontrer une femme qui me fasse découvrir le massage prostatique.
Adrian

DÉCORTICAGE À LA LOUPE

Dissection payante

Étudions ensemble un profil sur Tinder afin de comprendre ce qui se cache derrière tous ces symboles et icônes !

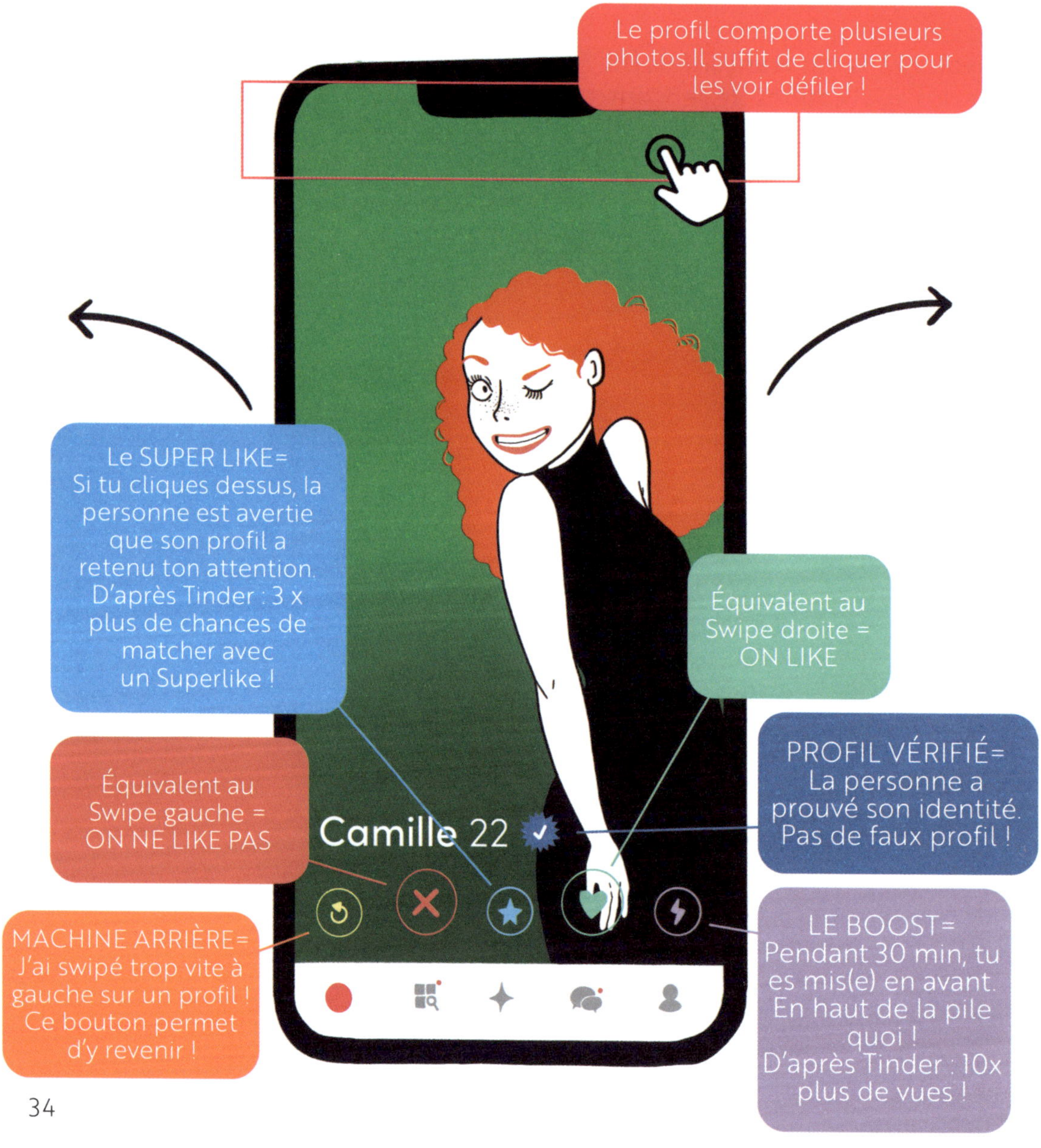

L'une des forces de Tinder, c'est de créer un attrait toujours plus grand grâce à la sortie régulière de nouvelles options.
Même si au premier abord l'application est gratuite, elle ne permet de bénéficier que d'un nombre restreint d'options – en tout cas juste assez pour donner envie de profiter d'une version moins limitée (é.v.i.d.e.m.m.e.n.t.) ! Il existe de fait des versions de plus en plus poussées qui ne laissent rien au hasard !
En effet, à condition de payer un abonnement, fini de se ronger les ongles le temps de savoir si on aura un match, qui a liké, pas liké. On peut aussi envoyer plus de super likes, des boosts, etc.

À savoir : 97 % des Français(e)s (18-64 ans) n'ont pas dépensé d'argent pour des applications de rencontre (site web ou application) en 2020 ![3]

En gros, opter pour une version payante, c'est essayer de mettre un peu d'ordre dans cette jungle et espérer accélérer les choses !

Fonctionnalités	Standard	++	Version Gold	Version Platinium
Match. Clavarde. Fais des rencontres.	•	•	•	•
Des J'aime illimités		•	•	•
Des Retours illimités		•	•	•
Passeport à tout emplacement		•	•	•
Masquer les publicités		•	•	•
*5 Super J'aime par semaine			•	•
*1 Boost gratuit par mois			•	•
Vois qui t'aime			•	•
De nouveaux Coups de cœur tous les jours			•	•
Un message pour un match				•
Des J'aime priorisés				•
Consulte les J'aime que tu as envoyés au cours des 7 derniers jours				•

[3] *« 10 chiffres à connaître sur les applications de rencontre », hello-pomelo.com (20 juillet 2021).*

Traducteur

Parfois, lorsqu'on consulte les profils de certains membres, on se demande si on vit sur la même planète qu'eux/elles, et si on parle la même langue !
Des chiffres, des lettres... mais qu'est-ce que ça veut dire ? On te dit tout !

Tu sauras désormais à qui tu as affaire.

Code 420 – 20 avril

« 4:20 » ou « 4/20 », prononcé à l'américaine « four-twenty », est une référence outre-Atlantique à la consommation de cannabis. Le 20 avril – écrit 4/20 aux États-Unis – est célébré en Amérique du Nord par les tenants de la contre-culture entourant le cannabis.

Traduction :
Si ce chiffre apparaît sur un profil, ne sois pas surpris(e) : ton match a la main verte !
Mais pourquoi l'afficher ? Nous sommes allés interroger les personnes qui ont choisi cette biographie numérique singulière :

« Parce que ça éloigne les mecs qui eux ne fument pas. C'est rédhibitoire pour eux de fréquenter quelqu'un qui fume. En vérité, je n'ai pas envie qu'on me fasse une réflexion à ce sujet dès la première rencontre. Ça ne regarde que moi. »
« Je l'affiche car je suis une fumeuse et que je n'ai pas envie que le mec l'apprenne en me rencontrant. »
« Je fume tous les jours donc j'ai envie de rencontrer quelqu'un qui est dans le même mood ou au moins tolérant vis-à-vis de ça ! »

Code MMM – Mixed Marvelous Minds

Bonjour Juliette, comment allez-vous ?
Autant l'ENFP, je l'ai, autant le MMM, je déclare forfait ...

MMM est l'acronyme de « marketing mix modeling », « media mix modeling » ou « modélisation du marketing mix », pour le pendant partiellement français de l'expression.

Le MMM est donc un processus de modélisation des investissements et actions de communication marketing destiné à l'optimisation.

À mon avis, c'est pas ça. 😉

JM 27
10 KM

Si tu veux parler musique, cinéma, voyage, féminisme et clitoris, bonjour à toi inconnue

🙃

#MMM

Thomas : C'est vrai qu'il y a de quoi s'y perdre avec toutes ces abréviations !

L'idée vient de la communauté et de la créatrice du compte Insta @orgasme_et_moi, qui prône l'éducation et la bienveillance sur le plan sexuel !

L'acronyme #MMM a été créé afin que les personnes puissent exprimer ouvertement que tout en endossant la charge sexuelle, elles s'éduquent à la sexualité afin de s'épanouir à deux.

On le retrouve sur beaucoup de profils dans les applications de rencontre.

Traduction :
Attention, il est parfois détourné par des personnes qui traduisent le #MMM par « Je suis un bon coup et j'aime faire des cunnis ou des fellations » ! Tutututu, ce n'est pas ça !

Codes ENTJ, ISTP... Les 16 personnalités

Mais d'où viennent ces assemblages de lettres que beaucoup brandissent fièrement dans leur biographie ?

C'est le résultat du très réputé test des 16 personnalités, ou MBTI (pour Myers Briggs Type Indicator).[4] Il suffit de répondre spontanément à des questions dont les réponses sont analysées afin de déterminer un profil type. Il en existe 16, qui sont regroupés en 4 catégories :

- **Les analystes** (architecte : INTJ, logicien INTP, commandant ENTJ, innovateur ENTP) ;

- **Les diplomates** (avocat INJF, médiateur INFP, protagoniste ENJF, inspirateur ENFP) ;

- **Les explorateurs** (virtuose ISTP, aventurier ISFP, entrepreneur ESTP, amuseur ESFP) ;

- **Les sentinelles** (logisticien ISTJ, défenseur ISFJ, directeur ESTJ, consul ESFJ).

Alors à quoi bon l'afficher ?

L'objectif du test est de mieux connaître notre personnalité afin de comprendre nos réactions, ce qui motive nos choix, nos actions, etc. Du coup, certaines personnes préfèrent « prévenir » directement leur potentiel match en affichant dans leur biographie « qui elles sont ».

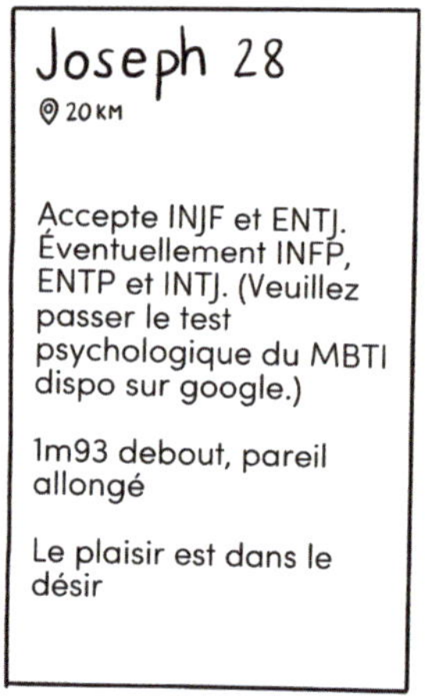

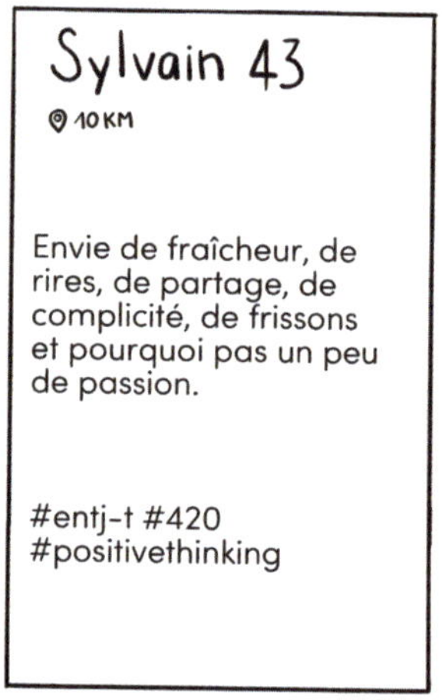

Traduction :
Si j'écris que je suis très imaginatif(ve), ne sois donc pas étonné(e) que je sois souvent dans la lune (et pas que dans la tienne !).

 [4] https://www.16personalities.com/fr/

Code T&P – Tinder & ses Pépites

Doit-on vraiment en reparler ? Car si tu sais ce que ça veut dire, c'est que tu es déjà au top.

Mais pour les autres, c'est un code secret que nous avons instauré sur notre page Instagram.
On sait qu'il est difficile de faire la différence dans cette jungle Tinderienne et on a voulu aider les gens en leur donnant un petit coup de pouce.

En affichant ce code secret sur leur profil Tinder, les membres de la communauté se reconnaissent, ce qui permet d'engager la conversation beaucoup plus facilement ! Et puis, derrière, tu peux vite rebondir : « Alors quel est le profil que tu préfères sur la page @tinder_et_ses_pepites ? » Ça évite les classiques du type : « Coucou sa va ? »

Et puis autant le dire tout de suite : les personnes qui suivent ce compte et reconnaissent le code secret sont forcément drôles et sympathiques.
À l'inverse, ceux et celles qui ne connaissent pas le code peuvent lancer la discussion ainsi : « Mais ça veut dire quoi T&P ? » Ça leur permettra d'enchaîner.

> **Grégoire 26**
>
> 10 KM
>
> À notre premier rdv,
> je graverai nos initiales
> sur un tronc d'arbre.
> C'est la façon la plus
> romantique de te
> montrer que j'ai
> toujours un couteau.
>
> T&P

> **John 32**
>
> À 34 KM
>
> Ma précédente
> description a été publiée
> sur T&P, du coup, cette
> fois, je m'abstiens !
>
> Bisous 😉

Utile ? Pas utile ? Ils/elles nous ont répondu :

« On m'a posé quelques questions là-dessus, mais jamais personne ne s'est encore dit : « Elle a mis T&P – moi aussi – c'est l'amour de ma vie. »

« C'est clairement un icebreaker (ça brise la glace) ! »

« Oui, ça marche grave ! En temps normal, un mec a entre 1 et 3 matchs par jour, mais grâce à ce code ça matche entre 6 et 9 fois ! Je te jure que c'est vrai. »

Traduction :
Ce code permet aux membres de la meilleure communauté *ever* de se reconnaître entre eux.

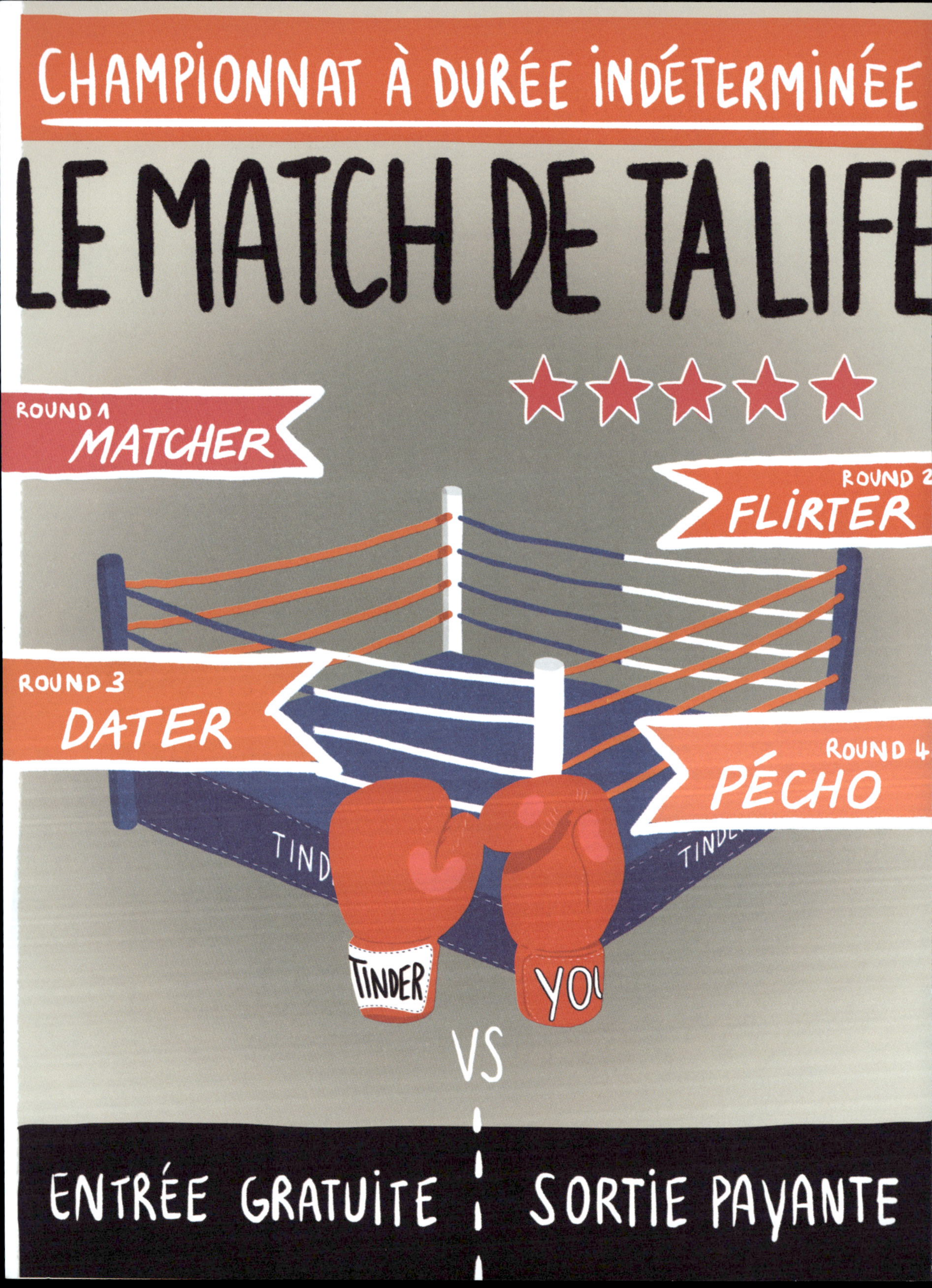
CHAMPIONNAT À DURÉE INDÉTERMINÉE
LE MATCH DE TA LIFE
ROUND 1
MATCHER
ROUND 2
FLIRTER
ROUND 3
DATER
ROUND 4
PÉCHO
TINDER
TINDER
TINDER
YOU
VS
ENTRÉE GRATUITE
SORTIE PAYANTE

Quand la musique est bonne...

Mais la musique est-elle vraiment bonne... à mettre sur son profil Tinder ? On a sondé le peuple pour vous. 1,2,3... à vos calCULettes :

« Est-ce que vous faites attention à la musique sur les profils Tinder ? »[5]

Près de 5 000 personnes ont répondu, et en toute honnêteté on ne s'attendait pas à une telle répartition. Après, si la musique est présente alors en effet on y fait attention car elle peut toujours faire basculer le match dans un sens comme dans l'autre. On ne peut pas dire que la musique soit l'élément déterminant, clairement c'est plutôt ton petit minois (et pas minou hein) qui va déclencher un swipe droite ou gauche (cf. sondage 2). Et puis suivant le genre de serial likeur(euse) que tu es, il est fort probable que tu n'atteindras même pas l'information sur la musique dans le profil que tu consultes !

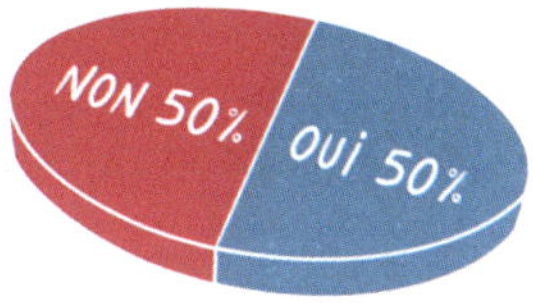

« Est-ce que vous avez une musique sur votre profil Tinder ? »

Paradoxalement, même si on aime bien regarder la musique affichée chez les autres, peu vont se risquer à afficher leurs goûts musicaux.

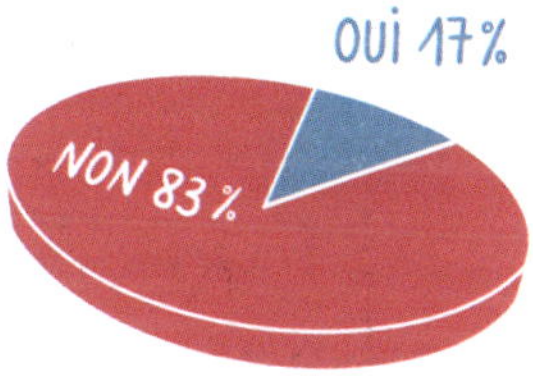

« La musique sur un profil Tinder est-elle la première chose que vous regardez ? »

Et pourtant, pour certain(e)s cette musique a toute son importance et ils/elles vont passer du temps à chercher LA musique.

La musique dans un profil Tinder peut permettre :

- de trouver un point d'accroche pour discuter ;
- de faire passer une idée subliminale ;
- d'afficher tes goûts musicaux de beaufs ;
- de jouer les grand(e)s romantiques lors d'un *date*.

Thomas : RDV dans quelques pages après pour voir tous les bienfaits de la musique !

5. Sondage publié sur notre page Instagram.

Extraits sonores

Kévin 34

20 KM

J'aime bouffer et picoler aussi. Si tu préfères je suis plus de l'école sexe drogue et rock'n'roll que fitness tofu et yoga.

Ma chanson culte

Ça va aller
Kerry James

Max 43

10 KM

Je ne suis pas là pour me marier, je ne suis pas là pour faire la causette, je ne suis pas assez con pour mettre une vraie photo de moi, je ne suis pas là pour enfiler des perles, sauf si tu es Perle.

Ma chanson culte

I Want Your Sex
Georges Michael

Éva, 23

10 KM

Nana moyenne, recherche mec moyen pour faire des trucs moyens.

Ma chanson culte

Toujours pas d'amour
Priscilla

Thomas 32

À 34 KM

Sportif, une grosse bite, what else ?

Un jour, un vieux maître du Sichuan a dit: "Si une abeille se pose sur tes couilles, la violence n'est pas la solution."

Ma chanson culte

Be Honest
(feat. Burna Boy)
Jorja Smith

Suggestion de playlist

Morceaux sélectionnés grâce à leur titre, moins sur la bande-son...

Amoureux de ma femme
Richard Anthony

Besoin de rien, envie de toi
Peter & Sloane

Chaud Lapin
Naza

Cherche l'amour
Dooz Kawa

Cœur Brisé
Yanns

Cunnilingus mon amour
Dionysos, Rossy de Palma

Fais-moi jouir
Patrick Coutin

Fellationship
Nate Wylz & Soundz

I'll Take Care Of You
Joe Bonamassa, Beth Hart

Je veux te baiser
Odezenne

Kiss Me
Ed Sheeran

Love me or Leave me
Nina Simone

Plan à trois
Cœur de Pirate

Rien de Sérieux
Oasis de musique Jazz

Swipe me
Madism, Guillermo Otero, DJA

Toi sur Moi
MZ

Histoires sur fond musical

Sur mon profil, j'ai mis la chanson « À deux » de Louisadonna – sur la couverture de l'album il y a des vibromasseurs, donc ça annonce la couleur.
Axelle

On avait tous les deux la même chanson sur nos profils ! Aujourd'hui ça fait 3 ans qu'on est ensemble.
Julien

Je l'ai matché uniquement parce qu'il avait « Femme Like You » de K-Maro dans sa bio ! J'ai bien fait, il est super fun.
Christiane

Mon morceau ? « Anti-Romantic » de TXT, un groupe de K-pop. Pour être sûre que le message soit clair.
Carine

Mon dernier match m'a dit que ma musique était naze puis il a supprimé notre match.
Caroline

On s'est vus et ce n'était pas très fluide, alors on a parlé musique. Il m'a dit : « Moi, je n'aime pas trop la musique. » Ah. OK.
Laura

On s'est envoyé 10 titres Spotify chacun avant d'échanger nos premiers mots.
Marion

Il avait mis Jul. Je croyais qu'il avait beaucoup d'humour, j'ai kiffé ! Et puis en fait je me suis rendu compte qu'il aimait vraiment sa musique. #malaise
Marie

J'ai mis le générique de Pokémon dans ma bio, et les beaufs qui viennent me dire « qu'ils veulent m'attraper ».
Madeline

Premier *date* avec un mec, il vient me chercher chez moi. Je monte dans sa voiture et j'entends « Midnight City » de M83, alors je m'écrie : « Mais c'est ma chanson préférée ! » et il rigole en disant : « Ah bon ? » Au cours de la soirée, il m'avoue qu'il a mis ce morceau car il était affiché sur mon profil Tinder. Il pensait que j'avais compris l'allusion (oups). Ça fait 2 ans qu'on est ensemble !
Inaya

Grâce à Nina Simone, mon dernier crush est devenu le seul et l'unique. Bientôt 3 ans !
Cécile

Je m'appelle Vanina, plusieurs matchs ont pensé que j'avais mis ce prénom pour correspondre à la chanson.
Vanina

Ici on s'envoie des punchlines venant de « The Pina Colada Song ».
Maxence

Ma chanson, c'est « Marguerite », de Saez. Je n'ai pas échappé au : « Si à la St Valentin tu me tiens par la main, alors vivement la Ste Marguerite. »
Eva

J'ai créé une playlist à partir de toutes les pépites que j'ai trouvées sur les profils ! À défaut d'avoir des matchs, au moins j'ai de bons sons.
Édouard

J'ai un morceau des Red Hot Chili Peppers sur mon profil. Pendant notre premier *date* avec un gars, on a sexé sur 2 albums d'affilée.
Louise

Il m'a charmée en m'envoyant la chanson « Celui » de Colonel Reyel dans son 1er message. On est restés 1 an ensemble.
Amel

Pauline :
La fameuse chanson ? « Big Unknown » d'Elder Island. C'EST BEAU.

Si le mec écoute un truc que je trouve vraiment naze... c'est mort !
Hélène

J'avais matché avec un mec originaire d'Arras, mais il vivait en Angleterre. J'avais mis sur mon profil une chanson du groupe Elder Island, que j'adore. Il me dit qu'il adore aussi ce groupe et ajoute : « Ils jouent la semaine prochaine à Brighton (Angleterre), tu viens ? » Je réponds oui et le rejoins sur un coup de tête 5 jours plus tard. J'ai passé 3 jours avec lui et ça a été un véritable coup de foudre. Depuis on ne s'est jamais plus quittés et ça fait 4 ans qu'on est ensemble !
Julia

J'ai super-liké mon ex parce qu'elle avait marqué : « Tu crois que c'est le bruit du cochoooooon ? » dans sa bio et que c'est le début d'une chanson de Vald. On a re-matché et on est restés 2 ans ½ ensemble.
Anton

En post-rupture, j'ai mis « J'ai retrouvé mon mojo ». Eh bien je peux vous assurer que je me suis bien éclatée au lit.
Roxane

Tournez, Manège !

Choisissez bien votre monture !

1 ticket = 1 tour (sauf si t'attrapes la queue du mickey.)

TOURNER LES PAGES DU CATALOGUE

Une fois ton profil réalisé, tu n'as plus qu'à laisser glisser ton pouce sur ton écran et faire défiler les profils dans un sens, et puis dans l'autre !
En règle générale, on a tous des préférences (surtout parce qu'il y a beaucoup de choses qu'on a en horreur) qu'elles soient physiques ou intellectuelles.

Il y a des profils qui, inexorablement, nous attirent plus que d'autres.

Certains facteurs comme les prénoms, les métiers et les signes astrologiques, déchaînent les passions sur Tinder (sûrement dans le *dating* en général) et facilitent le swipe droite !

Avant de savoir si tes préférences reflètent celles de la majorité, il est important de connaître ton comportement sur l'application...

Quel type de likeur/likeuse es-tu ?

Le monde est divisé en deux sur un certain nombre de sujets...

Réveil facile

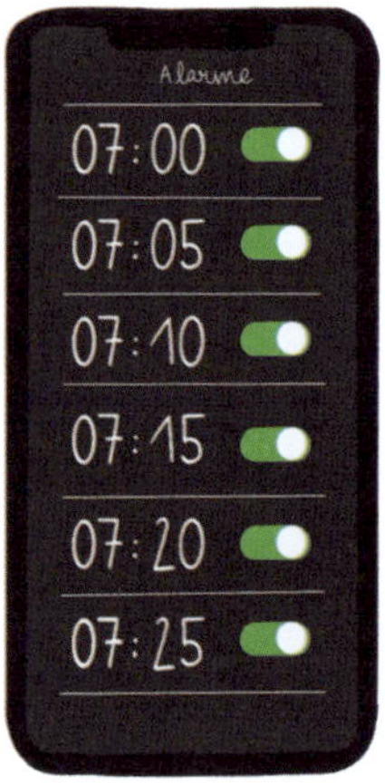

Réveil difficile

lit fait

lit défait

sans notifs

avec notifs

je suis large
1/2
E
FUEL
F
1/2
E
FUEL
F
faut faire le plein!

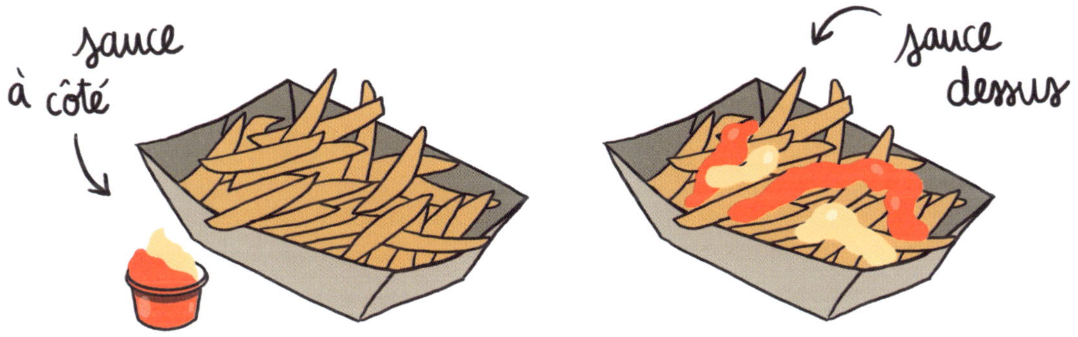
sauce à côté
sauce dessus

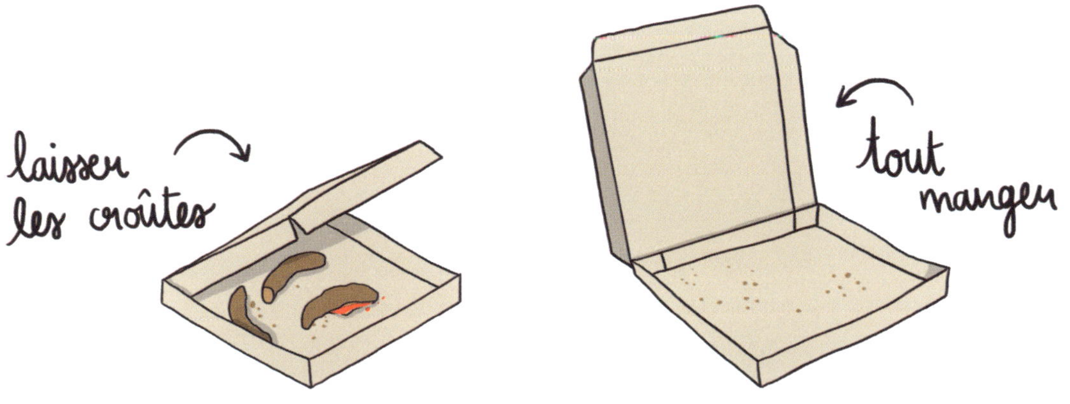
laisser les croûtes
tout manger

TEST 1

☐ Thé	☐ Café
☐ Papier toilette devant	☐ Papier toilette derrière
☐ Lit fait	☐ Lit défait
☐ Un seul réveil le matin	☐ Mille réveils
☐ Pastilles de notifications	☐ Pas de notification
☐ T'es large pour faire le plein	☐ Tu fais le plein dès que la jauge est à la moitié
☐ La sauce à côté des frites	☐ La sauce sur les frites
☐ Tu manges la croûte de la pizza	☐ Tu ne manges pas la croûte

Si tu as coché plus de 4 cases à droite, alors :
Ton animal totem est **le dauphin** : tu fais des culbutes en eaux profondes. Tu fais genre tu es curieux(se), mais tu es surtout là pour parader et fourrer ton nez partout. Quand tu étais plus jeune tu avais probablement des posters d'animaux dans ta chambre, et tu leur parlais. Maintenant, à défaut de collectionner les posters, tu collectionnes les *dates* Tinder...

Si tu as coché plus de 4 cases ou moins à gauche, alors :
Ton animal totem est **le chien** : tu aimes te balader en roulant les fesses et en reniflant tout ce qui bouge. Tu tombes parfois sur plus gros que toi, mais ça ne t'empêche pas d'aboyer un peu pour montrer que tu es quand même là. Quand tu étais plus jeune, tu ne quittais ni tes billes ni tes cartes Pokémon, que tu prenais soin de compter soigneusement. Maintenant tu continues de compter, mais tu te contentes d'énumérer les *dates* ratés que tu enchaînes...

Si tu n'es pas d'accord avec les résultats de ton test, n'hésite pas à nous écrire : Service des Râleurs – Rue Saint Jean Foutisme – Cedex Nulpart

TEST 2

Quand tu es sur Tinder :

- [ ] Tu as mal au pouce
- [ ] Tu atteins la limite de likes/jour
- [ ] « Ah, c'était mon ex ? Même pas vu(e) »
- [ ] Il/elle était habillé(e) ?
- [ ] Un robot pourrait faire le job à ta place
- [ ] Droite droite droite droite

- [ ] Tu as mal aux yeux
- [ ] Il y a une limite de likes sur Tinder ?
- [ ] Sur la 3e photo, à l'arrière-plan, ça serait pas ma voisine ?
- [ ] Ce genre de tenue, ce n'est pas possible
- [ ] Ce serait bien de rajouter des critères de sélection dans les paramètres parce que j'aime que les yeux bleus aux reflets noisette
- [ ] Gauche gauche gauche gauche gauche

Si tu as coché 5 cases ou + à gauche, alors tu es **un(e) SERIAL LIKEUR/LIKEUSE !**

Si tu as coché 5 cases ou + à droite, alors tu es **un(e) SERIAL EXAMINATEUR/EXAMINATRICE !**

Si tu n'es dans aucune de ces catégories, alors bah rien, tu es juste ni l'un(e) ni l'autre : **UN(E) TINDERIEN/TINDERIENNE LAMBDA.**

Serial likeur/likeuse ? Serial examinateur/examinatrice ?
Mais qu'est-ce que c'est ?

Serial likeur/likeuse	Serial examinateur/examinatrice
Le/la serial likeur/likeuse swipe tellement tout à droite qu'il/elle ne verrait même pas passer sa mère !	Le/la serial examinateur/examinatrice est un radar à faux pas : un tee-shirt chiffonné, pour lui/elle, c'est un Next.

Sa stratégie ?
Batterie rechargée, position confortable, le/la serial likeur/likeuse like tous les profils. Une fois qu'il y a match, alors il/elle fait le tri et décide s'il/elle le garde ou pas !

Pauline : La limite possible dans la version gratuite serait de 100 likes toutes les 12 heures !

Les points forts ?
En ne faisant aucun tri, il/elle a plus de chances de recevoir des matchs et de booster son ego !

Les points faibles ?
Sa vitesse de swipe dépasse rapidement la limite autorisée qu'il/elle est stoppé(e) par un gentil message : « Vous avez atteint la limite de likes autorisés » !

Maladie chronique développée :
« La TINDERnite du pouce » !

Sa stratégie ?
Œil de lynx, le/la serial examinateur/examinatrice va détailler le profil avant de se décider à lâcher un « swipe droite ». Tout y passe, photos, bio, musique, Insta...

Les points forts ?
Quand il y a match, il/elle se souvient généralement de l'enquête préliminaire effectuée et il/elle est ravi(e) !

Les points faibles ?
L'imagination court vite et il/elle se projette d'un coup avec un/une inconnu(e). Gare à la déception si derrière il n'y a pas de match. Et si après une enquête prometteuse son pouce swipe malencontreusement à gauche, son monde s'écroule.

Maladie chronique développée :
« La presBITie des 2 yeux » !

les montagnes russes de ma life

En tant que serial examinateur/examinatrice

Les prénoms

Vaste sujet... On aurait pu partir sur les prénoms générant de gros préjugés (hello les Kevin et les Kelly), mais tu comprendras que nous ne souhaitons pas nous mettre à dos 0,01 % de la population. Et puis après tout, on n'a pas choisi le prénom qu'on porte.

Petite parenthèse. Un de nos followers nous a confié qu'après avoir attribué son manque de matchs à son prénom (Kevin), il avait décidé d'en changer, mais... surprise... il n'avait pas eu plus de matchs (oups).

En revanche, Tinder a sorti les prénoms les plus swipés[6] :

- Thomas
- Nicolas
- Maxime
- Guillaume
- Romain
- Alexandre

- Alizé
- Chloé
- Carla
- Margaux
- Victoria
- Alexia
- Cassandre
- Romane
- Alix
- Albane

Thomas : Merci à mes parents pour ce prénom fantastique !

Les métiers

Là encore, ce critère peut vite faire pencher la balance. Lors d'un sondage sur les métiers proposé sur notre page Instagram, les réponses étaient pleines de contradictions : les *a priori* ont la vie dure et certains métiers se détachent du lot (hello les pompiers, les infirmières, les forces de l'ordre et les kinés), mais ce sont également ces métiers-là qui nous font le plus fantasmer ! Le fameux tiraillement : « Ça m'excite, mais je sais que ça ne va rien donner de bon. »

Tinder a publié les 15 métiers H/F les plus swipés à droite :

[6] *« Quels sont les prénoms qui matchent le plus sur Tinder ? », Neon Mag (16 décembre 2016).*

les métiers les + swipés
à droite en France, Hommes vs Femmes

1. Steward. Business Developer.
2. Conseiller Financier. Monitrice de SKI.
3. Danseur. Graphiste.
4. Mannequin. Serveuse.
5. PDG. Agente immobilière.
6. DG. Cheffe de projet événementiel.
7. Designer. Sous-cheffe.
8. Directeur de magasin. Cheffe de projet marketing.
9. Acteur. Infirmière.
10. Directeur artistique. Actrice.
11. Étudiant. Hôtesse de l'air.
12. Assistant Commercial. Assistante de recherche.
13. Graphiste. Masso-thérapeute.
14. Pharmacien. Cheffe de produit.
15. Médecin. Assistante marketing.

Le signe astrologique

Je crois qu'on va arrêter le débat immédiatement. Les plus beaux et les meilleurs, ce sont les Taureaux. *Be smart*, swipe les Taureaux à droite.

Pour toute réclamation, adresse-toi au bureau des plaintes, ouvert le mardi entre 8 h 10 et 8 h 12.

Plus sérieusement, ce n'est pas une caractéristique qu'on affiche obligatoirement mais elle peut être déterminante pour certain(e)s. Qu'on y croie (ou non), certains signes jouissent d'une réputation caliente (Lion, Scorpion et Gémeaux) quand d'autres ont la réputation d'être plus farouches (Vierge et Capricorne).

On a créé pour toi notre horoscope fiable à 10 000 % et un peu cul-cul :

- **Bélier** : Pas froid aux yeux et chaud bouillant à l'intérieur.
- **Taureau** : LES MEILLEURS – n'insiste pas.
- **Gémeaux** : Pimenté et exotique. Le fade, c'est pas le genre de la maison.
- **Cancer** : Ambiance requise pour séduction optimale.
- **Lion** : Fougue charnelle dominante.
- **Vierge** : Douceur essentielle pour feux d'artifice explosifs.
- **Balance** : Tendresse privilégiée pour voyage érotique longue durée.
- **Scorpion** : Appétit sexuel insatiable cherche gourmandise éternelle.
- **Sagittaire** : Expérimentations fantasmatiques agrémentées de générosité.
- **Capricorne** : Confiance requise pour un lâcher-prise sans limite.
- **Verseau** : Prise de tête exclue mais prise de cul bienvenue.

Thomas : Calmez-la SVP.

Stop forcé

Les moins noobs d'entre nous savent que la jungle Tinderienne est impitoyable et rares sont celles et ceux qui attrapent le gros poisson au premier swipe. Cela demande une certaine endurance et une infinie persévérance. Pendant ces multiples sessions, il est parfois difficile d'arrêter de swiper, car on se dit que LE match se cache peut-être derrière le prochain profil.

Il a été révélé dans plusieurs reportages que ce sentiment, qu'on peut qualifier d'addictif, n'est pas anodin. L'application a été conçue afin de pousser le consommateur à y revenir, encore et encore (puis à se tourner vers des options payantes).

Nous pouvons même comparer les applications de rencontre à des applications de jeux : le joueur prend plaisir à swiper (= jouer) et lorsque quelqu'un lui plaît – ou lors d'un match –, le cerveau active le mécanisme de récompense et sécrète alors l'hormone du plaisir : la dopamine. D'ailleurs la récompense est d'autant plus satisfaisante lorsqu'on a persévéré longtemps et qu'on obtient enfin ce que l'on souhaite.[7]

Il n'empêche qu'une journée n'a que 24 heures et que Tinder n'est pas le centre de notre vie ; l'Univers, pour un certain nombre de raisons, nous force parfois à stopper le swipe effréné :

Mais QUAND ?

- L'application bugge ;
- Tu te dis : « Jusqu'à la pub et puis j'arrête » ;
- « Allez, encore 10 et j'arrête » ;
- Tu arrives à la fin du catalogue et le message « élargir votre recherche » s'affiche ;
- Tu retombes 10 fois sur le même profil ;
- Tu as des fourmis dans les mains ;
- Tu n'as plus de batterie ;
- Tu sens le regard de ton manager derrière toi ;
- Le téléphone te tombe des mains ;
- Tu as atteint la limite de swipes et tu dois attendre 12 heures ;
- Tu te convaincs : « Au prochain match, j'arrête » ;
- Tu as trouvé ce que tu étais venu(e) chercher ;
- Tu as une Tindernite.

[7] *« Dopamine – Tinder », par Léo Favier, Arte.tv (2019).*

10 HEURES
/ SEMAINE

Non, ce n'est pas une annonce pour un job à temps partiel mais bien le temps moyen que les 18-30 ans passent sur les applications de rencontre.[8]

C'est aussi le temps de cuisson d'un bœuf carottes, d'un vol Paris-Cuba, d'un film japonais de 1959 qui s'appelle *La Condition de l'homme*, etc.

LES HOMMES PLUS ACCROS QUE LES FEMMES

(≈ 85 minutes/jour)

LES FEMMES SE CONNECTENT PLUS SOUVENT SUR L'APPLICATION

(≈ 10x/jour vs 9x/jour pour les hommes ≈ 79 minutes/jour)

[8] *« Millenials spend 10 hours a week swiping their way through dating apps », Metro.co.uk (24 janvier 2018).*

♀ 7,6 MIN

DURÉE D'UNE SESSION[9]

♂ 9,7 MIN

DURÉE D'UNE SESSION[9]

Les femmes swipent à droite 14% du temps

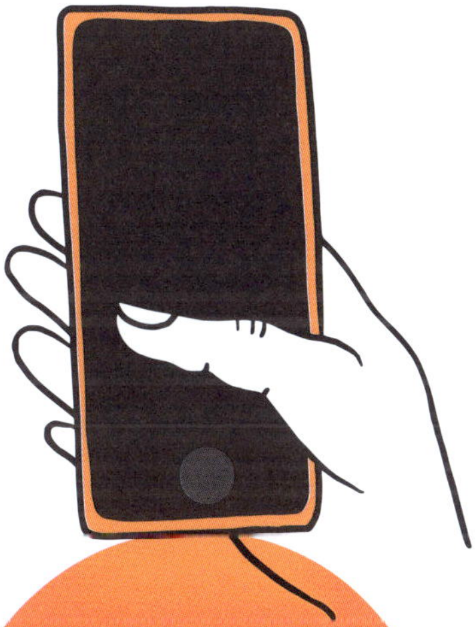

VS 46% du temps pour les hommes

Thomas :
Les serial likeurs/likeuses font évidemment du 100 %.

[9]*« 20 statistiques sur Tinder qui vont te donner envie de supprimer ton compte », Narcity (19 avril 2016).*

Succès non garanti [10]

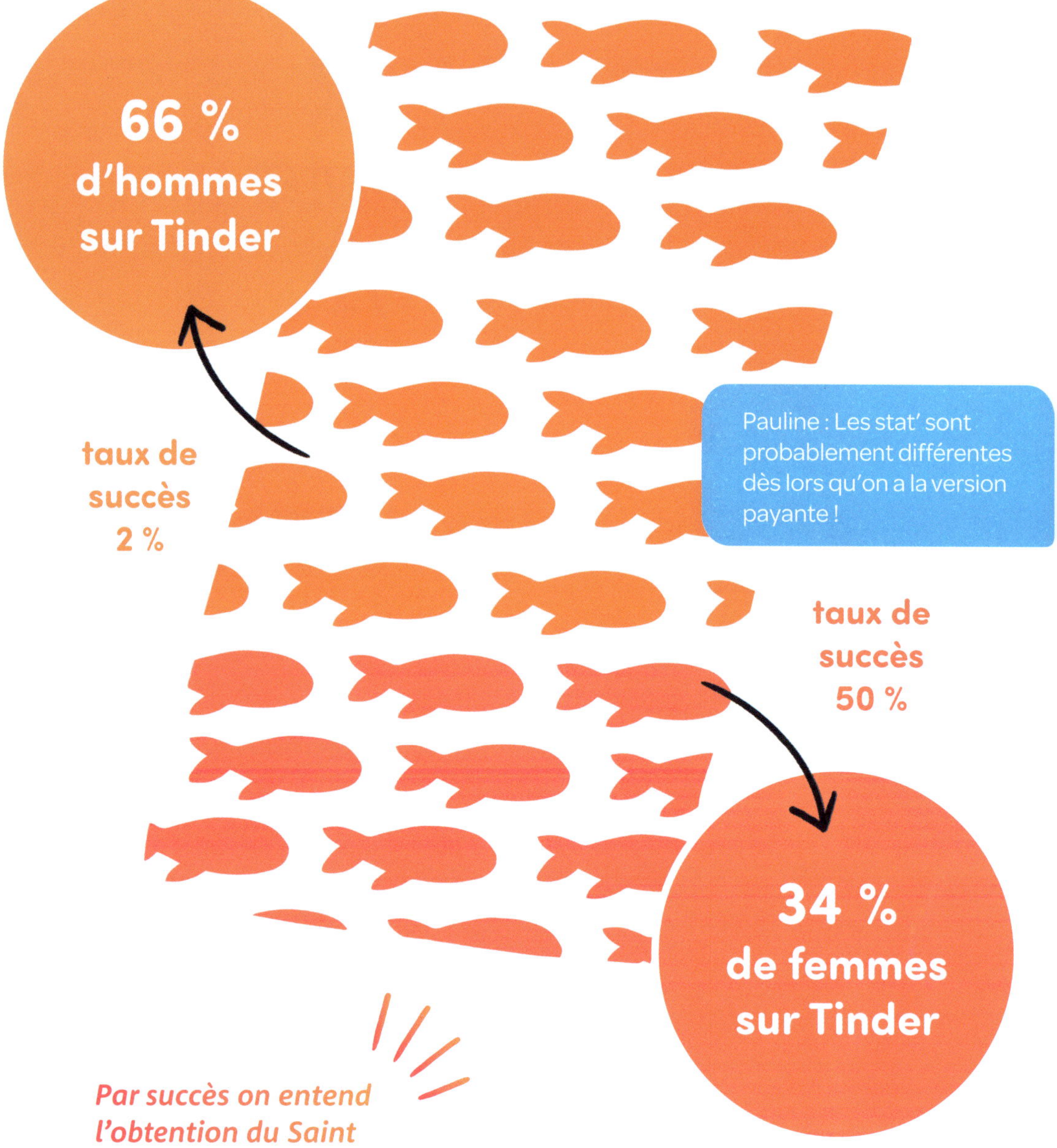

Par succès on entend l'obtention du Saint Graal : UN MATCH !

[10] « Sur Tinder, les hommes et les femmes évoluent dans des mondes parallèles », Le Monde (26 juillet 2019). / « Mon avis sur Tinder » (guide complet) par stat-rencontres.fr

WANTED
UN BON MATCH
RÉCOMPENSE:
RECONNAISSANCE ÉTERNELLE

Être surpris(e) avant même la rencontre

Ceux et celles qui marquent des points par leur créativité (ou par leur côté weirdo).

Mon match sur Tinder a créé un Puissance 4 en virtuel, c'était drôle et original !
Sarah

Elle m'a écrit une lettre quotidiennement jusqu'à notre rencontre.
Lucas

On a joué à des jeux en ligne pendant plusieurs jours, avec des gages pour le perdant.
Clément

Il m'a proposé un jeu de piste pour trouver l'endroit où on se rencontrerait.
Axelle

Il m'a déposé le petit déjeuner devant chez moi avant même que nous nous soyons rencontrés.
Fanny

Il m'a fait deviner son numéro de téléphone dans le journal du jour que j'allais acheter au kiosque. À chaque page je devais répondre à une énigme pour trouver le numéro.
Rita

J'ai reçu un bouquet de fleurs à mon bureau.
Lola

Elle m'a fait l'amour par téléphone de manière très sensuelle.
Marc

Il est très timide, mais il a relevé le défi de m'envoyer une vidéo où il joue du ukulélé... nu !
Léa

Elle m'a envoyé une carte au trésor
pour que je trouve son adresse.
Julio

Il a envoyé un message à ma meilleure amie pour savoir quel vin je buvais, histoire d'en apporter une bouteille au *date* !
Justine

On avait fait un jeu de devinettes à 3 choix pour que l'autre puisse deviner les goûts, les passions et les anecdotes de l'autre !
Liam

Il a fait le tour de toutes les épiceries pour trouver mon sirop préféré et me faire un diabolo !
Emma

Il a utilisé le compte Insta de son chien pour parler à mon chat afin de lui demander des conseils de drague.
Émilie

On s'est appelés et on est restés 4 heures en FaceTime avant le premier *date*.
Hakim

Il a commencé à m'envoyer des messages vocaux de sa voix archi-langoureuse.
Célia

Il a créé une playlist commune pour nous deux.
Laura

Il m'a fait un tangram avec un message poétique écrit à la main qu'il m'a envoyé par voie postale.
Claire

On a fait un concours de disquettes pendant une semaine !
Aaron

Il m'a proposé de voir son « gros télescope ». Je l'ai pris pour un pervers. Il est astronome en fait.
Géraldine

Thomas :
On ne parle pas ici de l'ancêtre de la clé USB, mais bien de ces phrases « piquantes » et clichés.

Les pépites (ou nuggests en anglais)

FIN DE LA LUNE DE MIEL

Venons-en au cœur du sujet : ces fameuses pépites !

Au moment où tu installes l'application, il est fort probable que tu vives une phase « lune de miel », ou autrement appelée phase d'espoir.

Elle est légitime, car quand tu vois tes potes se mettre en couple grâce à l'application ou quand tu entends Camille raconter sa dernière nuit de folie, tu te dis « allez pourquoi pas moi, ça a l'air de marcher » ou alors tu dédramatises et tu y vas « juste pour tester », « pour rigoler un peu ».

L'application et son algorithme font aussi bien en sorte que les premiers profils soient méga-plaisants, au point qu'on croirait presque à cette idylle au bout des doigts ! Mais soyons honnêtes, s'en suit généralement une phase de découragement, peut-être liée à des attentes trop élevées et à de fausses promesses : eh non, Tinder, ce n'est pas simple !
Peut-être que, comme nous, tu t'es un jour fait cette réflexion : mais c'est quoi tous ces profils lunaires ?

Qu'on nous jette la première pierre si TU N'AS JAMAIS PRONONCÉ des phrases ci-dessous :

- [ ] Que des moches autour de chez moi.
- [ ] Trop beau pour être vrai, c'est probablement un bot.
- [ ] Personne ne comprend mon HUMOUR.
- [ ] Pourquoi je n'ai pas de match ?
- [ ] C'est pourri, ça parle que de Q.
- [ ] J'AIMERAIS juste rencontrer quelqu'un dans la VRAIE VIE.
- [ ] ÇA SERT À RIEN.
- [ ] Il est où le romantisme ?
- [ ] Ce n'est pas pour MOI.

- [ ] JE PERDS mon TEMPS.
- [ ] Nan mais là, j'ai le mauvais ALGORITHME.
- [ ] Pourquoi je tombe que sur les fétichistes des pieds ?
- [ ] MAIS LES GENS SONT FOUS. C'est quoi ce profil ?
- [ ] OK je cherche du sexe, mais là c'est trop cash.
- [ ] Bon je vais élargir un peu la distance, on ne sait jamais...
- [ ] Je tombe que sur des profils chelous.
- [ ] ______________________________
- [ ] ______________________________

> Thomas : Ça peut être aussi... pourquoi il y a que des profils coincés, là ?!

[À noter qu'il y a toujours des exceptions, des chanceux(ses) qui au premier match trouvent chaussure à leur pied. On vous aime mais on vous déteste un peu quand même.]

Mais rassure-toi, TOUT LE MONDE (en général) passe par cette phase de désespoir ; et ces profils si atypiques, on finit par les aimer, les apprécier et en rire (sauf Jean-Michel premier degré !).

D'ailleurs, il y en a désormais tellement qu'après de longues heures passées à étudier des milliers de profils Tinder (et autres applications), notre constat est sans appel : il y a deux types de pépites, les pépites volontaires et les pépites involontaires.

La jungle Tinderienne est impitoyable.
À travers ma biographie et/ou mes photos, voire ma musique, je cherche délibérément à faire la différence. J'essaie d'être drôle et d'attirer l'attention ! J'espère qu'on me comprendra...

Pépite involontaire
Qui suis-je ?

Il n'y a aucun problème avec mes photos, ma biographie et/ou ma musique. C'est malgré moi que je deviens une pépite. Photo de mariage, ex floutée, photo de groupe...

[NB : Sans être une pépite, on notera quand même le « profil classique », avec des photos sans la moindre touche d'humour et une description détaillant quelques passions, voire rien ! Pas de chichi !]

Qu'elles soient volontaires ou involontaires, ces pépites nous donnent le sourire, soit par leur originalité, soit par leur excentricité.

À toi de jouer !

Volontaire ou involontaire ?

B

Hugh 28

10 KM

"Mes passions :

Boire des coups et en tirer."

@coeurnichon

C

Thierry 23

10 KM

Mettez beaucoup de sourires dans un saladier d'1m90, quelques grammes de poignées d'amour, une pincée de folie et 2 cuillères à soupe d'humour bizarre pour m'avoir.

D

Vivien 31

3 KM

Pêcheurs, on l'est tous.
1m75.
Ton capitaine pour ce soir.
Si t'es bonne à la barre, je te laisserai naviguer.

E

Marie 26

20 KM

Lucas, si tu vois ça, sache que je rattrape le temps que j'ai perdu avec toi.
Je me fais casser les hanches 3 fois par semaine !

Réponse :
A, E involontaire
B, C, D volontaire

LES PÉPITES VOLONTAIRES

Dans les chapitres précédents, on a pu – grâce à l'acrostiche – entrapercevoir quelques effets de style susceptibles de capter l'œil du/de la swipeur(se).

** Non, le/la swipeur(euse), n'est pas un balai à poussière, mais bien la personne qui derrière son écran de téléphone, affalée sur son canapé, passe en revue les profils du catalogue et « swipe » avec son pouce.*

Sache que le peuple a une imagination sans faille : messages subliminaux, chansons pittoresques, citations inspirantes et petites phrases piquantes, tout y passe !

*** Tous ces profils ont été pêchés sur Tinder, certifiés non censurés ***

Ceux et celles qui décrivent leur recherche

Gaëlle 32
10 KM
Apprentie bricoleuse cherche un homme bien outillé pour un démontage en tandem.

Alix 22
10 KM
Cherche prof de tennis pour m'apprendre à manier le manche.

Hugo 31
10 KM
Demain à Lille. Cherche quelqu'un d'assez spontané pour me sucer (oui, très spontané) et que j'inviterai ensuite au resto.

Polo 24
10 KM
_el_ue-chose man_ue à ma vie, mais _uoi ?

Valérie 38
3 KM
J'en peux plus des cure-dents, il me faut de la grosse épée. Au moins 22 cm SVP. Respect et bonne haleine sont de mise.

Jules 30
20 KM
Mon portable a besoin de 128 GO, mais moi, une GO me suffirait.

Mona 26

10 KM

À la recherche d'un étudiant qui pourra me terminer sur son bureau comme un DM de maths.

Alex 43

10 KM

Petit conseil, sache que si un mec te propose de venir *dater* chez lui, c'est surtout qu'il a envie de faire l'amour. Si jamais tu veux plus de conseils, passe me voir à la maison.

Hervé 32

10 KM

Je suis là pour baiser et faire le tour de mon alphabet, il me manque A S F R E X G H O mais bien sûr pas le Q, donc envoie-moi un message ;)

Rémi 28

10 KM

Cherche à faire une rencontre aussi profonde que celle du petit Grégory dans la Vologne.

Ceux et celles qui se décrivent

Salomé 23

10 KM

Dans les yeux ou dans les cheveux, plus il y en a, plus c'est mieux. Avec moi, c'est comme l'Orangina, plus tu me secoues, plus j'aime ça.

Luc 28

20 KM

Je me définis sexuellement comme un plat à réchauffer au micro-ondes : je suis chaud en deux minutes, je ne ressemble pas du tout à la photo, et je suis juste assez bon pour que tu en veuilles plus si tu as encore faim.

Pierre 30

1 KM

Putain, je suis mignon, cultivé, drôle, calin, sportif, je gagne bien ma vie, je tiens ma maison, je cuisine bien, et les meufs elles retiennent quoi de moi ?
Ma grosse bite !

Non, franchement, c'est frustrant.

Anne 33

20 KM

Chiante,
mais baisable.

Amélie 28

10 KM

Je suis une sorte de plante grasse, je n'ai pas besoin d'attention au quotidien, simplement d'être arrosée de temps en temps.

Mimi 28

10 KM

En cette période d'abstinence, je comprends mieux pourquoi dans Koh Lanta ils se battent pour les poteaux.

Lucile 31

1 KM

Les profils Tinder c'est comme les faciales, c'est mieux quand y a un visage.

Alex 22

10 KM

Cunniliveroo, une langue comme tu n'en as jamais connue.

Livraison de cunnis à domicile.
Discrétion assurée. À commander dès maintenant, livrés dans les meilleurs délais.

Lola 25

10 KM

J'aime pas les poneys...
Mais j'aime bien chevaucher.

Phil 31

10 KM

J'hésite entre avoir une piscine ou une copine sachant que les deux coûtent cher pour le peu de temps qu'on passe dedans.

Zoé 23

10 KM

1m66 pieds nus.
1m78 avec talons.
1m10 si t'es gentil.

Citations cul-tes

Béatrice 38

3 KM

Les Bretonnes, c'est comme les crêpes, il faut les retourner quand elles deviennent trop chaudes.

Alex 22

10 KM

Avoir la main sur le cœur c'est bien, mais sur mon cul c'est mieux. #coeurnichon

Aude 31

20 KM

À la recherche du bonheur avec un grand B, comme bouffe-moi le cul.
#coeurnichon

Esther 24

20 KM

Ne jamais baisser les bras dans la vie, sauf pour toucher ta bite.

JoJo 30

20 KM

Je suis pas ministre de la justice, mais je te donnerai le Barreau.

Gilhem 32

10 KM

Le castor construit sa maison avec sa queue. L'urologue avec la queue des autres.

Saupoudrage d'humour

Polo 24

20 KM

La femme de ma vie m'attend à Brazouver mais je sais pas où c'est.

Valérie 38

3 KM

Tu serais pas une souris verte ? Parce que je vais t'attraper la queue.

Jules 30

20 KM

1 match = 1 arbre planté

Laura 30

20 KM

Que fait-on aux voleurs de salades ? On laitue.

Pauline : J'ai riz.

Mathilde 29

3 KM

J'aurais dû être mannequin de renommée internationale, mais les croisés tu connais, du coup j'suis dentiste.

Cha 30

À 34 KM

Mesdames,
Bienvenue à bord du vol Air Tinder pour un voyage vers le bonheur. Votre capitaine vous promet rires et émotions.
Le vol sera croustillant et le verre toujours plein. Attachez vos ceintures et tenez-vous prêtes pour le décollage.
Réservation à droite.

Sylvain 43

10 KM

Petites annonces sérieuses (ou pas)

Recrute 31

10 KM

Je cherche une personne susceptible d'être intéressée par un poste de magasinier(ère) en CDD puis en CDI à Bordeaux.

Joséphine 27

20 KM

Négociatrice immobilière et animatrice d'agence. Messieurs, l'amour a déjà frappé à ma porte mais je profite de ce réseau pour faire ma pub. Je suis à la recherche de nouveaux négociateurs ou conseillers en immoblier.

Séb 43

10 KM

OFFRE D'EMPLOI
POSTE À POURVOIR :
Recherche responsable adjointe de mes ressources humaines.
MISSION :
Prendre en charge la gestion quotidienne de ma cellule sentimentale.
EXPÉRIENCE :
Débutante acceptée.
CDI évolutif.
RÉMUNÉRATION :
Nombreux avantages en nature (câlins, tendresse, douceur).
Marques d'affection non plafonnées, primes possibles.

Patrice 40

10 KM

Homme célibataire et sincère. Date de mise en circulation : 1985.
2 passagères craquantes. Seconde main, contrôle technique OK,
petits défauts à prendre en compte.
ABS : Amour, bonheur et sincérité
En parfait état de marche pour un bon bout de chemin
Dispo dans les Hauts-de-France, après négo nous conviendrons d'un RDV.
Attention! Pneus increvables pas de roues de secours.

Thomas 32

À 34 KM

Homme 1 pièce.
Idéalement situé dans le 11ème arr. de Paris, résidence calme et fleurie.
Exposé plein sud, avec double humour, câlins, tout équipé, et métier indépendant.
Hauteur sous garçon d'1m75, 70 kg au sol.
Possibilité d'une place de drinking.
Photo du bien sur demande.

Ça ne râle presque pas

Théodore 27

À 34 KM

Je suis là pour du sérieux, j'en ai MARRE MARRE MARRE des meufs qui likent et après parlent pas/répondent pas/calculent pas.
À quoi ça sert de liker sinon BORDEL ?
Donc si tu te reconnais clique sur la ✕
et CASSE-TOI !

John 33

10 KM

Un peu d'originalité tous des clones et stop l'hypocrisie SVP !
Et la vie la vraie c'est pas Instagram la télé réalité, sortez vos têtes du cul et voyez la réalité, c'est pas Disney les princes charmants la Belle et la Bête et Cendrillon. Y a des moments de bonheur des hauts et des bas et le physique va pas durer éternellement même si faut un minimum. À part ça bon délire et pas prise de tête.

Norbert 29

20 KM

Tu t'appelles n'importe comment (on s'en fout), tu travailles dans n'importe quoi (rien à branler), tu sais bien faire à manger, tu supportes les enfants (je gère et les tiens aussi si besoin), tu passes pas ta vie au tél avec tes copines ou ta mère, tu es jolie entre 18 et 40 ans et tu vas le rester, tu aimes le sexe et t'occuper de moi (si si, tu vas aimer), tu n'imposes pas de sujets de conversation ni de programmes TV débiles, tu es fidèle et belle, call me.

Antoine 20

10 KM

Puceau, moi ? MDR on me l'avait pas sortie depuis looooongtemps celle-là. Demande à tes potes si je suis puceau, tu vas voir les réponses que tu vas te prendre XD
Rien que la semaine passée j'ai niqué, donc CHUUUUT ferme-la puceau de merde car toi tu m'as l'air d'être un bon puceau de merde car t'es frustré de pas BAISER. C'est comment le missionnaire ? Tu sais pas, tu connais pas.

Mesdaaames, Messssieuuuurs, Ne manquez pas le défilé de clowns, les voltiges nocturnes, les bêtes sauvages*, la magie de la disparition...
CIRQU
TINDE
CIRQUE TINDER - DEPUIS 20
*tous relâchés dans la nature

Interview des pépites makers (volontaires) !

On a voulu comprendre le POURQUOI du COMMENT en interviewant quelques auteur(e)s de belles pépites sur Tinder et en leur demandant s'il y avait une logique derrière leur profil « original ». Et le moins qu'on puisse dire, c'est qu'au final il y a toujours une histoire à raconter.

Hugo 33

1 KM

Non, je n'ai pas encore pris le temps de faire toutes les recettes ! Je me suis dit que sur Tinder, je devrais pouvoir trouver de quoi me perfectionner !

« J'ai déjà eu un profil sérieux et c'est comme ça que j'ai rencontré mon ex-copine il y a 7 ans. Actuellement je suis célibataire par choix et je n'ai pas encore rencontré la fille qui me fera changer d'avis. J'avais envie depuis longtemps de mettre une blague dans mon profil sans jamais oser le faire, parce que : « Ouais, mais imagine, il y a ton âme sœur qui passe, c'est pas comme ça qu'on matche. » Mais en voyant le nombre de profils pépites sur la page Instagram T&P, j'ai osé ! J'ai eu quelques *dates*... peut-être grâce aux moules, mais ça, on ne me l'a pas avoué ! »

Esteban 18

10 KM

Laisse-moi briser ton cul, pas ton coeur.

« J'ai installé Tinder après une rupture. Au début je n'avais carrément pas de bio, puis ça a évolué avec le temps et j'en ai souvent changé pour savoir ce qui marchait ou pas !
Une bio, ça doit décrire qui on est et ce qu'on veut en très peu de mots, donc ce n'est pas facile ! »

Claire 21

1 km

Si tu comptais me casser en 2, trop tard, une camionnette l'a déjà fait.

« Depuis le tout début je fais des bios rigolotes et catchy pour que les gens aient un truc auquel se raccrocher et puissent renchérir sur ma blague ! Ça élimine pas mal de gens aussi : si c'est une blague à connotation sexuelle – car c'est mon genre d'humour –, je comprends très vite la personnalité des gens à leur réaction, et notamment s'ils ont du respect pour moi. S'ils sont à côté de la plaque, je peux vite passer à autre chose.De toute façon, d'une manière générale je déteste le « hey salut ça va ? », que je trouve gênant. Là c'est plus simple pour engager la conversation. Grâce à la touche d'humour, limite la conversation a déjà débuté. »

Paul 32

1 Km

Si tu aimes le shopping autant que les randos en pleine nature et que tu aimes la levrette autant que la raclette, nous sommes faits pour nous entendre.

"Je serai ton gros dard et butinerai ta fleur qui bourgeonne pour en extraire le plus doux des miels."
@coeurnichon

« À 31 ans je me suis retrouvé célibataire et je n'avais jamais installé d'application de rencontre. La drague 2.0 ou comment essayer de sortir du lot ! J'avais à la base un descriptif standard avec des émoticônes, mais je ne rencontrais personne.Je me suis dit qu'il fallait être plus original.
J'ai sorti ma plus belle plume, j'ai fait plusieurs essais, je me suis marré... et ça a fonctionné ! Je n'ai pas les stats pour savoir si j'ai plus de likes, mais depuis j'ai fait quelques *dates* ! Après, ce genre de profil divise : il y a ceux qui adhèrent et swipent à droite, et puis les autres... »

M. 27

1 Km

thé > bière>martini > vin

Coupe de cheveux aussi aléatoire que le temps en Islande. CrocsVie.

Si tu veux une meuf sans poils, swipe gauche.

Je pisse systématiquement sous la douche.

« Il y a plusieurs raisons. Sans bio ou avec une bio un peu bateau, mon profil attirait tout et n'importe qui, et finalement je me retrouvais à faire des *dates* avec 0 feeling. Ou alors je devais m'expliquer par message : « Attention, je ne m'épile pas, c'est ok pour toi ou on annule le *date* ? » Idem pour faire pipi sous la douche. Au bout du cinquième *date* avec un boy j'ai eu une envie pressante, et pour lui c'était mort de chez mort. Maintenant ça annonce la couleur et je reçois des matchs qui correspondent (+ ou -). Deuxième grosse raison, ça laisse un large choix aux gens qui veulent engager la conversation. C'est important pour moi de me montrer authentique et c'est ce que j'attends de mes matchs ! »

Solène 26

10 KM

Aussi à l'aise sur Tinder qu'une nonne qui fait des squats dans un champ de concombres.

« Avant j'avais une bio qui disait : « J'ai déjà 2 chiens, pas besoin d'un troisième », mais les gens n'adhéraient pas trop. Après, mes bios sont toujours sur le ton de l'humour car ça permet de filtrer. Quelqu'un qui va râler d'entrée de jeu, c'est ciao bye bye et je supprime le match. Là, avec mon profil actuel, effectivement ça marche plutôt bien : certains ne comprennent pas l'allusion, d'autres renchérissent avec des blagues ! Les bios pépites, ça a plus de sens. Tu as affaire à quelqu'un qui te lance une perche et au final tu as juste à rebondir dessus pour entamer la conversation. »

« J'ai eu un profil classique sur Tinder pendant plusieurs années avec ma photo, et je suis passée sur ce profil-là car avec une amie on a eu envie de découvrir Tinder en clandestines. L'idée, c'était d'observer un peu les petites habitudes de tout le monde grâce à ce profil totalement anonyme. Ce profil fonctionne super bien, on a des échanges hyper-intéressants et très atypiques. C'est un bouclier face à ce monde pas toujours simple. Après, on rencontre des personnes très différentes. Il y a des forceurs, d'autres qui sont très insistants, mais aussi des gens vraiment drôles ! Cependant, jusqu'à maintenant ça ne s'est pas concrétisé. Pas de *date*, et ce n'est pas vraiment le but. »

Pauline :
Le T&P dans les bios, c'est un code pour que les gens de la T&P Family se reconnaissent et puissent entamer la conversation sur une note d'humour !

LES PÉPITES INVOLONTAIRES

Comme énoncé un peu plus haut (si tu n'as pas sauté les pages pour ne regarder que les photos), les pépites involontaires sont… les plus incongrues. En effet, ce sont généralement des personnes qui ont créé leur profil en toute innocence, en choisissant des photos qui les mettent en valeur, dans des situations qu'elles s'imaginent cool et valorisantes, mais qui ne le sont pas forcément.

Si l'on peut comprendre que derrière les profils atypiques se cachent des personnes souhaitant se démarquer (aka « les pépites volontaires »), autant la logique derrière ces pépites « involontaires » est parfois difficile à cerner tellement c'est lunaire.

Il y a un côté attachiant, ils/elles ont peut-être voulu bien faire mais ils/elles sont complètement à côté de la plaque !

Et si ça se trouve, c'est ça le vrai secret de Tinder. Cette ridicule innocence fait fondre les cœurs et ça matche à fond ! D'ailleurs l'habit ne fait pas le moine, et si ça se trouve on interprète mal ces profils.

Série duo

« Mais non tu n'as rien compris » :

- Je gribouille mieux que ton neveu de 3 ans.
- Je suis passé professionnel sur Photoshop.
- J'ai eu une relation avec Casper.
- Je ne suis pas désespéré, j'ai déjà chopé.

Pauline : Ces pépites involontaires sont très masculines… Coïncidence ?

« Mais non tu n'as rien compris » :

- Ma sœur et moi on est très proches.
- Je suis modèle photo pour les mariages.
- Je n'ai pas peur de l'engagement.
- J'ai été payé comme figurant.

« Mais non tu n'as rien compris » :

- Mes spermatozoïdes sont performants.
- Voici mes sources de revenus.
- Tu peux m'appeler papa.
- Moi et mes emmerdes.

Où est Charlie ?

« Mais non tu n'as rien compris » :

- Promis je suis le plus beau.
- Non, pas lui, ni lui...
- Promis je ne les ai pas payés.
- Promis je les connais.
- Promis je suis sur la photo.

« Mais non tu n'as rien compris » :

- Propreté immaculée.
- J'ai refait la déco.
- Ma position préférée.
- Game of mon trône.

LES RECO DU PROFIL IDÉAL

Finalement, des profils Tinder, il y en a pour tous les goûts.
Pas facile d'y trouver son compte, mais ceux et celles qui ne font pas le bonheur des un(e)s feront probablement le bonheur des autres, et on a envie de dire TANT MIEUX. Sinon on serait tous en train de se battre pour le même poisson.

Néanmoins le peuple a parlé et il y a quand même un certain nombre de points qu'on aime bien, et d'autres… beaucoup moins. Le résumé ci-dessous !

ON PRÉFÈRE :

LES PHOTOS
· Les photos personnelles
· Les portraits de bonne qualité
· Les photos nous présentant dans différents environnements
· Une pose naturelle, sourire à l'appui (Ô joie de vivre)

LA BIO
· La franchise et l'honnêteté
· Une description sincère avec une pointe d'humour !
· Une attention portée sur l'orthographe

ON ÉVITE :

LES PHOTOS
· Les photos où on ne voit pas le visage, les photos de groupe, les photos de paysage…
· Les selfies sur les toilettes, dans le micro-ondes, dans l'ascenseur…

LA BIO
· Les bios qui râlent, les bios emojis, les bios de la taille d'un roman, les bios où il n'y a que l'Insta…

SORRY, LA LISTE EST TROP LONGUE

TindeRESCUE

Tu as l'impression de répondre à tous les critères et pourtant ça ne mord pas ? Pourquoi ne pas demander l'avis de tes ami(e)s (évite les parents…) ? Notamment si tu as dans ton entourage des personnes du genre que tu recherches.
Elles sauront t'aiguiller ! D'ailleurs n'hésite pas à tester plusieurs bios et plusieurs photos, histoire de voir ce qui marche bien et ce qui marche moins. Et puis sinon, on est là, nous.

Dates de l'ENFER

Ceux qui auraient pu avoir lieu le 6/6/66.

Mon *date* m'a déposée chez moi sans que je lui aie donné l'adresse au préalable.
Kim

Il a réclamé le ticket de caisse pour le donner à sa mère qui tient ses comptes bancaires.
Zara

On était chez lui : son chat se frottait à mes pieds et il a dit qu'ils devaient sentir bons. C'est là qu'il les a reniflés.
Emma

Elle a décroché mon téléphone et a parlé direct à ma grand-mère.
Hicham

Il m'a montré son CV au beau milieu du *date*.
Clémence

Elle m'envoie un contrat et me demande de m'engager à avoir un bébé dans l'année si je veux la revoir.
Pascal

Au bout de cinq minutes il me fait le coup du « allez tire sur mon doigt ».
Yohanna

J'avais du pesto entre les dents, elle est partie dans un fou rire incontrôlable pendant 10 minutes au restaurant.
Guillaume

Il est parti aux toilettes et m'a envoyé une photo de sa b*te, puis il est revenu mine de rien.
Brigitte

Au restaurant il mate la serveuse et me balance : « Y a du monde au balcon, hein ? »
Tatiana

Elle a choisi ce restaurant car son ex y travaillait.
Jules

En guise de fin de *date*, elle a fait caca entre deux voitures. Je tenais son sac à main.
Pierre

Tout se passait bien jusqu'à ce que sa mère ouvre la porte de sa chambre : on était en LeuLeu.
Charline

Elle m'a dit je t'aime au premier *date*.
Louis

Au moment de payer mon verre, ma carte n'a pas voulu passer... Il est parti et m'a laissée me démerder.
Chloé

Il a envoyé un sms à un pote pour me décrire physiquement. C'est moi qui l'ai reçu.
Eva

Elle n'a fait que pleurer en parlant de son ex.
Adam

Il a reçu un appel de sa femme (je ne savais pas qu'il était en couple) : elle était en train d'accoucher.
Louise

Elle m'a invité à fêter le nouvel an avec ses amis.
Elle mentait, c'était juste elle et moi.
Émile

Il m'a parlé de la sextape de ses parents.
Clara

TINDER AIRLINES

Les pépites à la sauce Tinder : est-ce une nouvelle spécialité française ?
Ou un phénomène beaucoup plus large ?
On a pris notre passeport et on a fait le tour du monde pour toi en exclusivité.
Accroche-toi : dépaysement assuré !

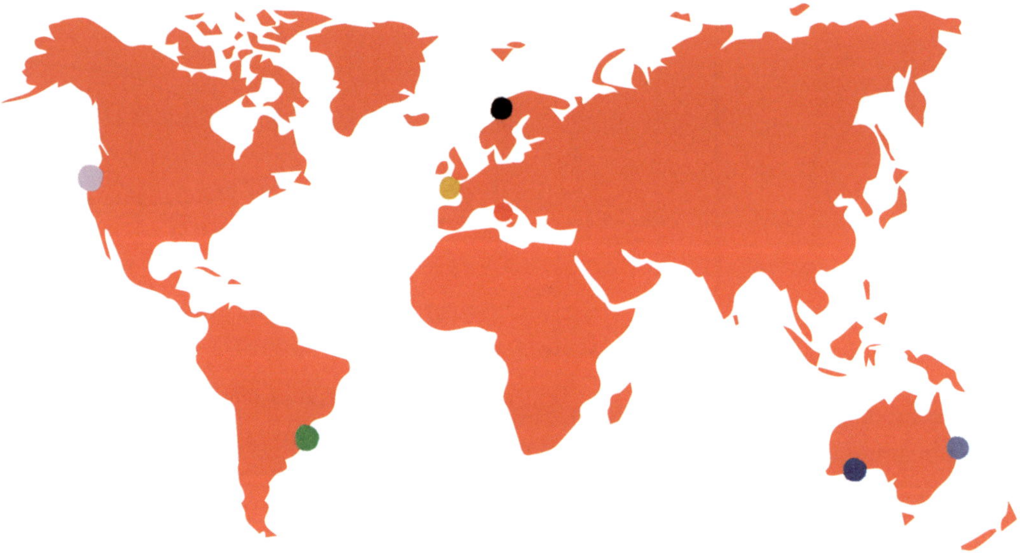

On vit à des milliers de kilomètres les uns des autres... mais on est si proches !
Sauras-tu trouver le point commun entre tous ces profils qu'on a dénichés un peu partout à travers le globe ?

A. Ça pécho fort
B. Ça se passionne pour les odeurs iodées
C. Ça n'hésite pas à aller en profondeur
D. Ça collectionne les bons appâts

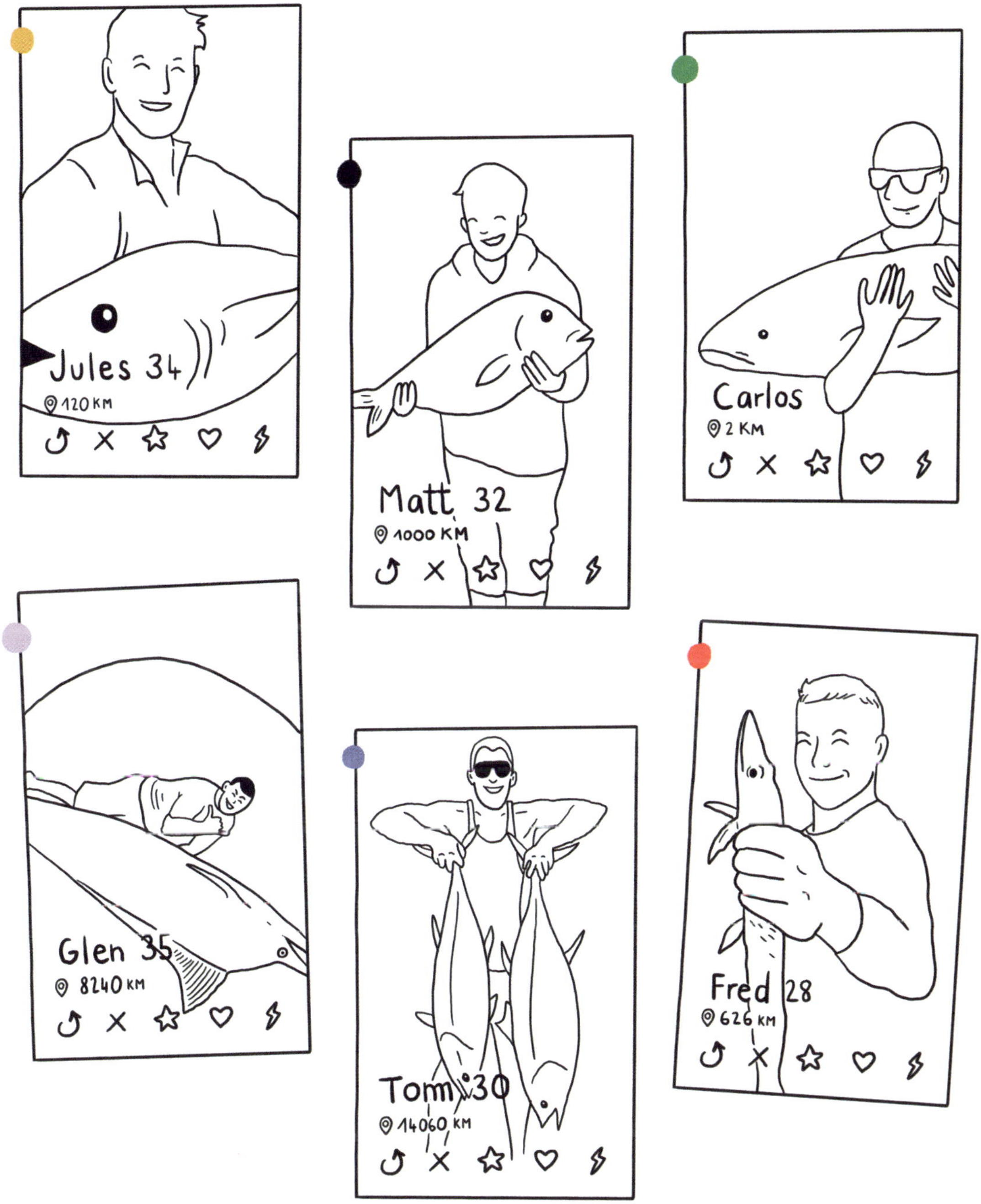
Jules 34
120 KM
Matt 32
1000 KM
Carlos
2 KM
Glen 35
8240 KM
Tom 30
14060 KM
Fred 28
626 KM

À l'étranger : expatriés

L'expérience Tinder à l'étranger diffère-t-elle de l'expérience Tinder en France, en Belgique ou en Suisse ?

On a pris notre micro-pénis et on est allés à la rencontre de nos expatriés ; certain(e)s d'entre vous vont faire leurs bagages illico presto !

Pauline : MERCI à nos follollos pour leurs précieux témoignages.

GURVAN – 27 ans – vit à Munich (Allemagne) depuis 2 ans !

Les profils sont souvent les mêmes : bière, rando et montagne.
Beaux petits... paysages et beaux petits sommets ! Jolies blondes BCBG – presque un cliché. Grande conscience écolo et vegan ; valeurs très fortes. Ici j'ai des matchs, mais comme je ne suis actuellement pas dans l'optique de trouver le grand amour, j'ai plus de mal à concrétiser avec des Allemandes ! Finalement, ici, j'ai surtout fréquenté des Françaises et des femmes venues d'autres pays.

Anecdote en Allemagne – Azamät – 23 ans

« Il y a deux ans, j'avais 21 ans, troisième date avec une fille rencontrée sur Tinder. On avait couché au deuxième date chez moi, et jusque-là RAS ! À la fin de notre troisième rendez-vous, elle propose qu'on aille chez elle. Arrivés sur place, elle me dit d'attendre cinq minutes parce qu'elle veut se préparer dans sa chambre ; j'en profite pour utiliser sa salle de bains. Elle me donne enfin le go pour entrer dans sa chambre et là... SURPRISE ! Elle porte une tenue intégrale en cuir. Je ne vois que sa bouche et ses yeux, même pas ses cheveux. Je n'étais pas prêt, on n'en avait jamais discuté, ça m'a stoppé direct et je suis resté figé, ne sachant que faire. Ne parlant pas parfaitement l'allemand, je n'ai pas su quoi dire, juste que ce n'était pas possible. Et puis je suis parti. Aucun tact. »

MARINE – 31 ans – vit à Sao Paulo (Brésil) depuis 3 ans !

En règle générale, je trouve que **les Brésiliens sont plus respectueux que les Français !** C'est une des premières choses qui m'ont marquée.

Ils sont très charmants, demandent la permission avant de te prendre par la main, de te faire un bisou dans le cou, etc. Ils sont carrément plus décomplexés sur ces questions !

Sur les applications et pendant un *date*, les Brésiliens parlent également beaucoup (beaucoup) ! Ils ont tendance à raconter des choses très personnelles, même si on ne se voit qu'une fois. D'ailleurs si on sent qu'il n'y a pas de feeling, on se remercie et on se dit tchao sans état d'âme : ce n'est pas grave ! Et puis si on se recroise, on se fait la bise, pas de malaise.

Clairement, ici, il y a beaucoup moins de ***drama queens*** qu'en France, personne ne fait d'histoires ! Je pense que vivre en France, pour eux, ce serait très compliqué... Il y a une autre différence majeure ; en France, c'est plutôt binaire : on veut créer une relation ou on recherche quelque chose de léger. Au Brésil, il y a plusieurs niveaux :

#1 Contatinho : Des personnes avec qui tu tchatches.

#2 Sair : Des personnes avec qui tu sors (genre une fois ou deux).

#3 Ficante : Quelqu'un que tu fréquentes plus régulièrement : ciné, resto, patins, etc. Rien à voir avec une relation de couple, car tu peux fréquenter plusieurs personnes en même temps : ça ne pose aucun problème ! C'est libre, on passe du bon temps, à la cool !

#4 Pedido em namoro : Au bout d'un certain temps, si tu as une belle alchimie avec la personne que tu fréquentes, alors tu passes au niveau suivant et tu te décides à demander cette personne en « amour ». À partir de ce moment-là, tu es officiellement en couple et donc, techniquement, monogame.

Moins hypocrite qu'en France, c'est flexible jusqu'à ce que tu officialises la relation !

C'est très surprenant et très perturbant au début, surtout quand tu as un crush et que tu sais que cette personne en fréquente d'autres. Ça montre aussi cette facette d'une société très axée sur la consommation ! Mais une fois que tu as les codes, tu le vis plus légèrement et tu profites !

MARION – 27 ans – vit à Shanghai (Chine) depuis 5 ans !

Être une femme occidentale célibataire à Shanghai, **c'est très compliqué**, il faut dire qu'en plus la communauté d'expatriés est très réduite.

C'est assez caricatural. Ici, les femmes sont loin d'avoir une place privilégiée et les hommes nous voient parfois comme des pièces exotiques à ajouter au palmarès de leurs conquêtes, ou simplement comme un moyen de pimenter leur vie extra-conjugale.

De fait, si tu cherches l'amour avec un grand A, ce n'est pas facile !

En comparaison, les hommes expat sont les rois du pétrole, on dit même qu'ils ont la fièvre jaune, tellement ils ont le choix. Ils en jouent d'ailleurs beaucoup...

Pour la petite anecdote, qui confirme que le monde est vraiment tout petit ici, je me suis fait une super amie car on s'est rendu compte qu'on avait le même date !

LAURETTE – 27 ans – vit en Nouvelle-Zélande en backpack depuis 1 an !

Ici, les hommes exhibent leurs trophées de chasse – plus les animaux sont gros et plus ils sont morts, plus ils sont fiers ! Je suis végétarienne, donc ça ne marche pas du tout avec moi et je me demande si les Néo-Zélandaises aiment ça.

Je trouve aussi **qu'ils recherchent des relations sérieuses**, bien plus que des plans cul. Après, quand ils réalisent que je suis une backpacker, ils prennent généralement conscience que ce sera du passager.

Pourtant, certains mecs sont insistants. Ils ne comprennent pas quand on leur dit que ça ne durera pas : beaucoup de messages, beaucoup d'appels... #relou

TOM – 33 ans – vit à Maurice depuis 3 ans !

Célibataire depuis mi-2019 et sur Tinder depuis… mi-2019 !
J'ai donc découvert l'application à Maurice.

Avant tout, il faut bien situer le contexte :

L'île Maurice, ou Maurice, est une petite île perdue au milieu de l'océan Indien. L'île fait 60 km de long sur 40 km de large, et il y a environ 1,2 M d'habitants. C'est un pays indépendant qui a des influences françaises et anglaises.

Cette île est fière de pouvoir permettre à des personnes très différentes de vivre sur son sol de façon pacifique : les communautés hindou, musulmane, créole, chinoise et catholique vivent les unes à côté des autres sans que ça crée trop de remous.

D'après mon expérience (j'insiste là-dessus, je ne parle que de ce que j'ai vécu, donc ma vision est peut-être tronquée), ces communautés se mélangent très, très peu : chacun reste chez soi et les poules sont bien gardées. De fait, il peut parfois y avoir parfois des incompatibilités rien que sur la base de ton profil.

Sur une petite île, **on fait rapidement le tour des personnes célibataires** dans une certaine tranche d'âge ! Et là, c'est la PANIQUE. Donc, pas le choix, on élargit la distance (pour couvrir toute l'île) mais on repousse aussi les limites d'âge (bon, pas de 18 à 99 ans non plus hein).

Il y a peu de profils, et en plus, la qualité n'est pas forcément au rendez-vous : je ne compte plus les profils affichant seulement des dessins, des citations, ou encore des photos de stars.

Bref. Clairement, ici, Tinder, ce n'est pas la panacée !
Mais avec un peu de persévérance, un profil plus chiadé et des conversations cool, j'ai réussi à décrocher quelques matchs et à faire de vrais *dates* IRL !

> Thomas :
> IRL = In Real Life.

Grâce à ces *dates*, je me suis fait de nouveaux amis, j'ai reçu un peu de tendresse et j'ai découvert de nouvelles communautés ; là est toute la magie de Tinder !

DIANE – 27 ans – vit à Lisbonne (Portugal) depuis 2 ans !

Mon utilisation de Tinder a pas mal changé entre mes débuts à Lisbonne et maintenant !

Pour commencer, j'avais une bio très brève et je visais plutôt des plans légers. **Il faut avouer que les profils sont très variés** comparés à la petite ville française d'où je suis originaire. En France, il me suffisait de quelques jours pour faire le tour des candidats disponibles dans la tranche d'âge sélectionnée ! Depuis que je suis arrivée au Portugal, je n'ai jamais réussi à aller au bout du catalogue.

J'utilise Tinder comme un réseau social lambda : je scrolle et je swipe pour faire passer le temps. Et puis je suis le genre de personne qui discute un petit peu mais pas trop. Je suis vite saoulée, et je réponds aux boys qui font le premier pas.

Maintenant j'utilise Tinder dans le but de faire connaissance avec plus de locaux, car dans mon cercle d'amis il y avait trop de Français ! Les Portugais ne prennent pas vraiment l'initiative, ce n'est pas trop leur truc. Mais j'ai eu quelques bons *dates* au cours desquels on m'a fait visiter un peu la ville et fait découvrir de bonnes adresses.

Quant aux profils, on dirait parfois des fakes ! Les mecs sont trop beaux et trop sexy pour être réels... il y a beaucoup de surfeurs, des gars qui précisent combien de langues ils parlent, dans combien de pays ils sont allés... c'est un peu too much. Après, sur le choix des photos, la qualité reste souvent à désirer (bon, en France aussi hein), et il y a aussi BEAUCOUP de gars qui posent avec leurs animaux de compagnie !

Une amie à moi dit que ça prouve que la personne est capable de s'occuper d'un autre être vivant... moi j'ai surtout l'impression que les gars qui postent des photos de leurs animaux pensent que toutes les filles craquent et que c'est forcément le jackpot. #cliché

JOHN – 29 ans – vit à Bangkok (Thaïlande) depuis 2 ans !

En Asie, et particulièrement en Thaïlande, je trouve qu'il y a beaucoup de signaux mixtes :

On trouve des profils avec des photos très légères accompagnées d'une description indiquant que la personne recherche quelque chose de sérieux : et c'est peut être vrai ! La personne recherche peut-être sincèrement l'homme de sa vie ou des amis ! On ne sait pas trop comment aborder la chose, du coup il ne faut pas se fier aux apparences.

Il y a des profils de ladyboys, et si ce n'est pas ce que tu recherches il faut savoir repérer les signes ! Ces personnes surjouent beaucoup, mais elles sont adorables et ce n'est pas facile pour elles : la concurrence est rude.

Par messages, tu peux tomber sur quelqu'un de très entreprenant... ou alors sur quelqu'un qui ne l'est pas du tout ! Certains échanges très longs n'aboutissent sur rien *in real life*, car beaucoup de femmes évoluent encore dans un cadre où c'est l'homme qui mène la danse.

Ça va de pair avec une mentalité très traditionnelle : on ne s'exprime pas sur ses sentiments, et il y a peu de démonstrations d'affection. Ça provoque un certain décalage. Le franc-parler n'existe pas non plus et **il est très difficile de savoir ce que l'autre pense sincèrement.** Les étrangers, justement en raison de leur « ouverture d'esprit », sont très convoités !

Enfin, l'humour n'est pas du tout le même. Il faut s'habituer à se prendre beaucoup de vents. Du coup, quand on tombe sur un profil avec un peu d'humour, on n'hésite pas : c'est un gros atout !!

LAURENCE – 38 ans – vit à Barcelone (Espagne) depuis 10 ans !

Quand on ouvre le catalogue Tinder, les Espagnols/Barcelonais bien foutus en maillot de bain, ce n'est pas ce qui manque. Ils posent souvent sur leur moto ou avec leur chien.

On peut aussi bien tomber sur le total cliché torse nu : métrosexuel (jean skinny, cheveux gominés) couvert de tatouages et de piercings au nez que sur son opposé : le rasta sur son skate, avec le fameux 420 en bio ! En revanche, ils se ressemblent tous : les bruns barbus, ça ne manque pas !

Côté *dating*, le Catalan est RADIN. Pour éviter cette situation gênante, j'invite. Et ils ne se font pas prier. Après, je dirais que c'est assez similaire à ce qui se passe en France : on prend un café ou un verre en terrasse pour commencer, en mode « casual », quoi ! Et puis on fait dans la proximité, on évite les *dates* à plus de 30 minutes de métro.

La galanterie et les manières à la française manquent clairement... mais bon, heureusement, il y a le choix avec d'autres nationalités !

VIRGIL – 25 ans – a vécu en Écosse pendant 1 an !

Je ne suis pas resté très longtemps en Écosse, et ce n'était pas la meilleure période pour faire des rencontres. Néanmoins, utiliser Tinder en Écosse s'est révélé une expérience plutôt marrante. Les profils étaient tellement particuliers... très différents de ce que je connais.

Après, **je pense que mon opinion renvoie à une habitude qui n'existe absolument pas en France.** Les Écossaises n'ont aucune pudeur. Du coup on tombe sur des photos très décomplexées qui sortent un peu de nulle part. En soi c'est top, mais ce n'est pas ce qui m'attire au premier coup d'œil.

Autre point... le maquillage à outrance. Alors forcément on ne sait pas vraiment à quoi va ressembler la fille au premier *date*... ou encore sans maquillage ! Clairement ça manque un peu de naturel... et de classe à mon goût !

LISA – 31 ans – vit à Sydney (Australie) depuis 3 ans !

En Australie, on fait dans le bon cliché : beaucoup de photos de boys en train de surfer ou de pratiquer un sport aquatique – y compris la pêche aux gros poissons ! Mais surtout, c'est rare de trouver un profil sans photos de chiens : c'est un vrai culte.

Côté expérience, je pense que c'est un peu la même chose qu'en France : ghosting, conversations sans grand intérêt où les mecs te racontent qu'ils adorent être outdoor, surfer et passer un dimanche chill avec un bon brekkie (= petit déj' accompagné d'un toast à l'avocat).

L'avantage, c'est qu'en Australie la population est internationale. Et je dois avouer qu'au final je *date* plus les Latinos (le côté chaleureux ?) que les purs Australiens !

ALEX – 33 ans – vit à Manille (Philippines) depuis 1 an

Ma première impression marquante aux Philippines, c'est le nombre de matchs incroyables que j'ai pu obtenir rapidement !

En fin de compte, j'ai expérimenté ce que connaissent probablement les filles en France avec des dizaines, voire des centaines de matchs.

Au début ce succès te rend dingue, puis très vite tu ressens une sorte de ras-le-bol, voire une sensation d'oppression. L'inversion des rôles est super instructive et m'a permis, même si j'en étais conscient avant, de mieux comprendre la difficulté d'être une femme sur Tinder dans certains endroits !

Ici, les filles osent beaucoup plus faire le premier pas et elles mènent la discussion. En tout cas beaucoup plus qu'en France, où c'est plutôt aux mecs de se montrer drôles et inventifs pour se démarquer de la meute.
Ici, en tant que Français, j'ai droit à la totale sur les clichés : je suis à leurs yeux un expert en gastronomie, un romantique, un gentleman... mais aussi un grincheux hyper nul en anglais et peu regardant sur l'hygiène ! Aïe.

D'une manière générale, être Français à l'étranger, c'est carrément un plus pour la drague !

Sur les profils, il y a moins de pudeur : les filles n'hésitent pas à mettre des photos d'elles en bikini et à montrer leur corps. Après, pour les messages, elles sont friandes de petites blagues, et si ça se passe bien elles proposent très vite de switcher sur WhatsApp et de faire un *date*.

Cependant, pour les *dates*, c'est quasiment toujours le même schéma : les filles ne sont pas motorisées, du coup il faut : soit être cool et venir à elles (et tu marques des points quand tu viens les chercher en scooter), soit il faut être très patient car elles risquent d'arriver grave à la bourre. La suite est assez classique. Généralement il ne se passe rien au premier *date*. Ça revient assez souvent dans leur discours qu'il est difficile pour elles de trouver un homme respectueux et cool. Honnêtement, ça reste une très belle expérience !

En France : nouveaux arrivants

Et si on faisait l'exercice inverse ?

Comment le Tinder français est-il perçu par ceux/celles qui découvrent la France ?

Retrouvent-ils/elles leurs repères, sont-ils/elles agréablement surpris(e)s, ou galèrent-ils/elles ?

JOHN – 27 ans – originaire d'Angleterre, vit en France depuis 19 ans

Ah oui, il y a clairement des différences. En Angleterre on est BEAUCOUP plus directs sur ce qu'on recherche, et d'ailleurs on l'affiche sans aucun souci sur nos profils. Tinder y a d'ailleurs une connotation plus légère, or ici, en France, c'est sérieux. Il n'est pas rare de tomber sur quelqu'un qui cherche une relation sérieuse, voire même son prince charmant.

En Angleterre, les profils avec des photos un peu osées, ça ne pose aucun souci. Ça dit aussi clairement ce que tu recherches – aucun shaming. En France, oh lalala, si tu t'aventures sur ce terrain-là et que tu complimentes la personne, sans être en chien du tout, tu vas te prendre un « casse-toi connard » en pleine face. Bref, en France c'est vraiment mal vu !

Ici, tu as également l'impression que tu dois rentrer dans les critères d'une wish-list. Si tu en sors, c'est fini pour toi.

À ce propos j'ai d'ailleurs une anecdote assez drôle. Je matche avec une fille qui marque sur son profil : « Pas de mecs en dessous d' 1m80 ». En première approche je lui écris : « Attention, je fais 1m76 sans mes talons. » Elle me dématche direct. On re-matche quelques semaines après, je lui écris exactement la même chose et elle me supprime de nouveau ! L'histoire se répète quelques semaines après et je lui écris : « Écoute je n'ai toujours pas grandi. » Sans aucune explication, le match est supprimé ! Enfin ça me paraît juste incroyable en fait. Je n'ai pas les mots !

Dans les *dates* ça se ressent aussi. Ce n'est pas la même culture et on n'a pas le même sens de l'humour... il n'est pas rare qu'on se sente un peu seul !

ROSE – 31 ans – originaire d'Angleterre, vit en France depuis 8 ans

D'après mon expérience, je confirme qu'il y a une différence sur la définition du *dating* Tinder en France et en Angleterre ! Au Royaume-Uni, après deux *dates*, on est loin du mariage, mais ici, wow, on a l'impression qu'il faut s'engager direct.

J'ai le sentiment que les mecs français nous traitent un peu comme des trophées : genre ils n'ont jamais *daté* une Britannique, du coup il faut la rajouter à leur liste ! En plus, ils ont en tête qu'on est des filles faciles, ce qui est totalement faux !
Mais les Frenchies sont plus romantiques. Et ça c'est cool, donc tout n'est pas perdu.

ÉLODIE – 21 ans – originaire de Barcelone, vit en France depuis 6 mois

Par rapport à l'Espagne, oui je vois des différences !

Au début, certaines petites choses m'ont un peu déroutée, car ce sont des comportements qui ne sont pas forcément usuels chez nous !

- Après un match, beaucoup de mecs demandent très rapidement ce que je recherche sur l'application !
- Ils demandent aussi très vite le Snap, alors qu'en Espagne on l'utilise peu.
- Ils préfèrent discuter en DM sur Insta, alors que nous on est plutôt WhatsApp.
- Je trouve qu'ils sont assez familiers dès le départ, comme si on se connaissait depuis super longtemps.
- Ils proposent également très rapidement qu'on se retrouve chez eux !
- Ils romantisent beaucoup tout ce qui est lié au sexe, ça, ça m'a pas mal choquée !

Enfin, en Espagne, ceux qui affichent sur leur profil des chansons violentes et misogynes où les femmes sont traitées comme des objets, c'est Red Flag direct. Mais ici, c'est contradictoire. Les mecs disent « respecter les femmes » mais affichent ce genre de musique. C'est à n'y rien comprendre. Et il y en a beaucoup !

LINA – 21 ans – originaire du Maroc, vit en France depuis 5 ans

Au Maroc, même si la mentalité est en train de changer, les applications de rencontre ne sont pas forcément très bien démocratisées, pour certain(e)s, elles sont même encore taboues.

Du coup, quand on arrive en France, on fait face à des personnes beaucoup plus ouvertes sur le sujet. D'ailleurs, l'application est vraiment ancrée dans le quotidien des gens, enfin il n'y a rien de choquant quand on dit qu'on est sur Tinder, on peut en parler ouvertement.

Justement, pour illustrer mon propos, aujourd'hui mon application en France est configurée sur une recherche mixte : hommes et femmes, car je cherche avant tout une connexion non basée sur le genre. Quand je laisse cette configuration au Maroc, Tinder me met un warning, ce qui m'a clairement surprise au début. En France, le contact est beaucoup plus simple – même s'il y a des abrutis partout –, du coup on sent que les discussions sont assez saines.

Idem, on se rencontre assez rapidement, alors qu'au Maroc ça peut attendre des semaines, voire des mois, le temps de filtrer les personnes que l'on va rencontrer. D'ailleurs, si tu proposes un *date* « trop » rapidement au Maroc, tu es étiquetée comme celle qui veut juste sexer, et généralement ça ne passe pas du tout !

Salut mon Amour, je n'attendais que toi, où étais-tu durant tout ce temps ? J'ai trés envie de toi et je réaliserai tous tes fantasmes immédiatement ! *
le Match Parfait
le Match Parfait
* Voir conditions générales de vente
tarif nuit - tarif jour - prix TTC.

ConFESSions pas intimes 2

Il n'y a qu'à la T&P Family qu'on l'avoue… promis, ça reste entre nous !

J'aime les femmes au sexe poilu.
Benjamin

Je garde un ancien match canon sur mon Insta, juste pour pouvoir la montrer à mes potes.
Valentin

J'ai délaissé Tinder pour un site libertin.
Laura

J'ai fait un plan à trois avec deux hommes mariés.
Aya

J'ai trompé mon mec avec une fille.
Marine

Je me suis fait percer les tétons et j'ai gagné une sensibilité qui était jusqu'alors inexistante.
Kyan

Hier, première journée de travail avec mon ex. On s'est chauffés toute la journée.
Théo

La nuit dernière, mon mec a voulu que je lui mette mon petit doigt dans les fesses ! Première fois. C'était chouette.
Andréa

Date dans un bar, j'arrive après lui, je le vois… j'ai fait demi-tour.
Florence

Je suis resté vierge jusqu'à mes 29 ans.
Armand

Je vois un homme marié qui est journaliste sur une chaîne d'info.
Judith

J'ai horreur des fellations, mais je tolérais ça pour son plaisir. Je regrette.
Titouan

Baptême du fromage de b*te.
BEURK.
Mélanie

Je me suis masturbée avec une brosse à dents électrique…
Elle n'était pas à moi.
Adeline

Les femmes ne matchent avec moi que parce que je suis bisexuel et que je suis en mesure de réaliser un fantasme avec deux mecs.
Kevin

J'ai voulu liker tout le monde sur Tinder pour voir, j'ai été bannie car trop de matchs. Du coup on m'a soupçonnée d'être un robot.
Anna

J'ai couché avec une femme rencontrée en soirée juste pour lui donner confiance en elle.
Alban

Mes copines me surnomment le « bitomètre » parce que j'ai un don pour deviner la taille des pénis.
Caroline

J'ai pécho mon chiropracteur.
C'était nuuuuuuuuul.
Élise

J'ai ajouté une 222e partenaire à ma liste de baise.
C'est aussi mon 20e trio.
Éric

Un mec m'envoie des SMS pour me dire qu'il a passé les meilleurs *dates* de sa vie avec moi, puis il disparaît.
Ça fait mal.
Léa

PIMP MON PROFIL

On a vu précédemment que certain(e)s ne manquent pas d'imagination quand il s'agit de créer leur profil. D'ailleurs, en règle générale, on fait en sorte de mettre en avant le meilleur de soi-même (« en règle générale »), mais est-on vraiment objectif ? Et si quelqu'un d'autre, qui nous connaît bien et nous côtoie au quotidien, élaborait notre profil : qu'y mettrait-il ?

On a joué le jeu (avec vous sur notre page Instagram) et on s'est amusés à pimper les profils en se mettant dans la peau de différentes personnes : nos grands-mères, nos animaux et nos collègues de boulot !

Pimp mon profil par Grand-Ma !

On l'adore (la plupart du temps), elle nous chouchoute (quand elle ne cherche pas à nous gaver de nourriture) et est la reine des expressions toutes faites !

Souvent inquiète de voir qu'on ne trouve pas chaussure à notre pied, elle n'hésite pas à nous rappeler qu'à son époque c'était bien différent !

Du coup, on lui a montré à quel point il était « facile » d'utiliser ces applications de rencontre qui nous permettent – depuis notre canapé – de repérer à plusieurs kilomètres à la ronde les potentiel(le)s prétendant(e)s au trône ! Mamie a failli tomber de son fauteuil préféré, mais elle s'est vite prise au jeu du swipe à gauche ou à droite !

Vaut mieux l'avoir en photo qu'en pension, mais c'est un bon p'tiot.

Ma petite-fille sait coudre et tricoter ! Elle a des fesses bien pleines aussi.

J'aimerais que ma petite-fille trouve un « bon ami ».

Il est super intelligent ! Vous savez qu'il a eu son bac ?

Ma petite-fille aime porter des culottes qui ne tiennent pas chaud. #string

Elle est gentille, en revanche elle n'éteint jamais la lumière derrière elle ! Infernal.

Quel caractère de cochon, c'est une agitée du bocal, celle-là !

Je ne comprends pas qu'elle ait ce genre d'appli, de notre temps on avait les bals. Enfin bon, likez SVP !

Pierre est très gentil et très serviable. Le gendre idéal. C'est bien le problème.

Alors, Maxime. Non. Antoine ? Pardon. Aurélien. Merde. Baptiste.

Elle mange des légumes.

Marie est une petite idiote, folle du cul et drôle !

Il n'y a pas longtemps elle était grosse, mais maintenant ça va.

Plein de tatouages, c'est moche. Ne trouvera sûrement jamais de mari.

Nudes sur le pot dispo !

Il est gentil, mais parfois on a du mal à comprendre ses blagues.

Moi à son âge j'avais fait la guerre et j'avais déjà quatre enfants. Il est pas doué le p'tit.

Pimp mon profil par mon animal de compagnie !

Ils partagent notre quotidien. EUX voient l'envers du décor :

- Quand on range en quatrième vitesse notre appartement juste avant le rendez-vous ;
- Quand on enfouit dans un placard la tonne de vêtements qui traînent depuis des semaines sur une chaise ;
- Quand la poubelle est remplie à ras bord et que les boîtes de pizza ont été élues poubelles bis ;
- Quand on fait genre le sport c'est la vie, mais qu'en réalité on passe plus de temps sur notre canapé en matant série sur série ;
- Quand on dit : « Ce n'est pas souvent que je ramène quelqu'un chez moi » alors que la veille on avait un autre *date*...

Eux, ce sont nos animaux de compagnie, qui ne peuvent pas communiquer et heureusement pour nous !

Alors comment rédigeraient-ils notre bio ? Comment nous décriraient-ils ?
Eux qui nous aiment si fort, de façon inconditionnelle ?

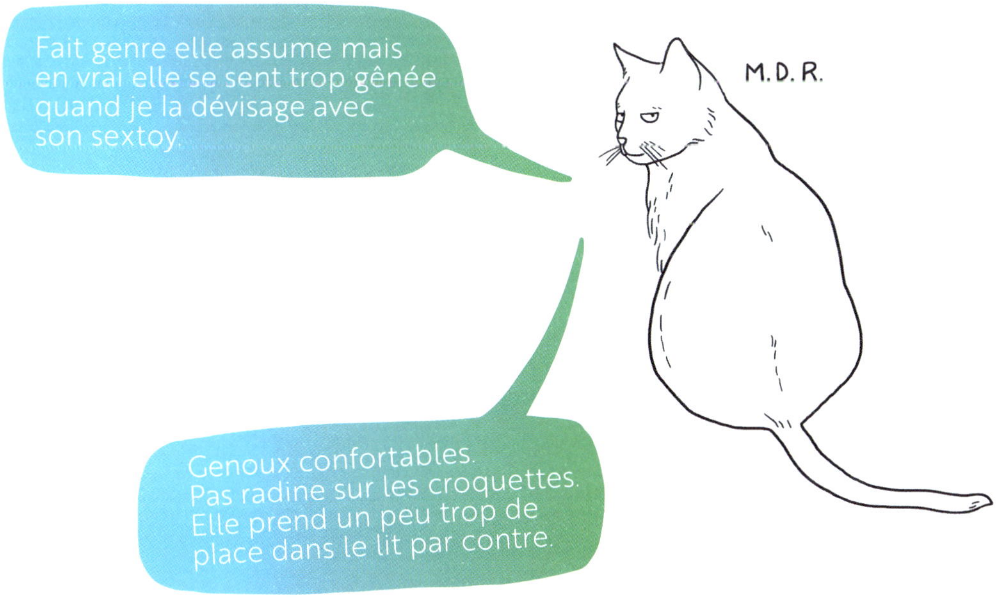

Me restreint sur les croquettes alors que j'ai le même bidou que lui !

Allergique aux animaux poilus, à part quand ils lèchent bien.

Mieux que d'avoir un maître en chien, mon maître a du chien.

A une fâcheuse tendance à se croire chez lui alors que je l'héberge sous mon toit.

Très douée pour les caresses, mais fétichistes des pieds passez votre chemin… car elle refuse que je joue avec ses chaussures.

Meilleure humaine du monde, mais vaut pas un bout de jambon.

Il est clairement moins souple que moi quand il s'agit de se lécher.

Très distinguée en société, mais elle nous pète dessus quand on dort entre ses jambes.

Pimp mon profil par mes collègues de bureau !

Un peu comme une seconde maison (ou une prison), notre lieu de travail est la scène de moments inoubliables, décevants mais aussi réconfortants.

On y passe tellement de temps que nos collègues deviennent parfois nos confident(e)s et développent un radar à émotions ! Quand on tire la gueule, ils/elles savent désormais le détecter à trois kilomètres à la ronde, pareil pour le lundi matin, quand il ne faut pas trop nous en demander.

Eux/elles qui savent précisément ce qui nous horripile, nous motive, nous fait craquer… Comment rédigeraient-ils/elles nos bios Tinder ?

Redresserait la boîte s'il s'impliquait autant dans son travail que dans les pots d'entreprise.

Passe souvent sous le bureau…
Pour ramasser son stylo !

Donne toujours le meilleur de lui-même. Il tient le bon bout…

Crédule et dévouée, elle avalera tout.

Elle est discrète mais on la soupçonne de cacher son jeu !

Fixe toujours la barre trop haut, j'espère que la tienne sera à la hauteur…

Sait utiliser les menottes quand il faut.

Elle EXCEL dans tout ce qu'elle fait.

Thomas : De sa cellule ?

N'a pas peur de se salir les mains !

A tendance à aimer lécher des culs…

Sait prendre les choses en main.

Là… mais pas là !

Arrive en retard mais est très doué de ses doigts (menuiserie).

On l'appelle « l'imprimante » tellement il aime mettre des cartouches.

L'interaction gravitationelle

ATTENDRE LE SÉSAME : LE MATCH

Comparons Tinder à un concours universitaire : il y a plusieurs épreuves, dont celles à petits coefficients et deux ou trois matières à gros coeff qu'il ne faut pas louper et dont on attend les résultats avec impatience. **Cette épreuve à gros coeff, c'est le match des applications de *dating*.**

Qu'il soit instantané ou à retardement, le match fait toujours plaisir et rebooste l'ego. Certain(e)s d'entre nous seront toujours beaucoup plus blasé(e)s que d'autres, mais il n'empêche que c'est à partir d'un match que tout peut se jouer. Un match peut carrément modifier le cours d'une vie !

Il existe plusieurs types de matchs :

Le match rêvé

Ma vie peut s'arrêter, je viens de matcher un avion de chasse.

Le match instantané

« Ah ouais on matche direct… bizarre. »

Le match précieux

Qui arrive tous les 36 du mois et qu'on ne veut pas perdre.

Le match à retardement

… mais qui s'est trop fait attendre.

Le match indifférent

« Ah encore un match… mouais, m'en fiche en fait. »

Le match à la queuleuleu

En bon(ne) serial likeur/likeuse, on doit faire du tri quand les matchs s'enchaînent.

Le match décevant

« Ah merde j'ai liké ça, moi ? »

MINISTÈRE DU SWIPE INTERNATIONAL

ACADÉMIE DES PÉPITES TINDER

LES ÉPREUVES DU MATCHALAURÉAT

CONTRÔLE CONTINU : 40%

- entretenir son bulletin scolaire aKa créer mon profil.
- épreuve commune aKa liker et se faire liker.

ÉPREUVES FINALES : 60%

- épreuve anticipée aKa obtenir un match.
- épreuve finale aKa réaliser le date.

ACCROBRANCHE

On l'aura compris, se démarquer grâce à des photos sympas n'est pas simple, mais réussir à engager la conversation peut être tout aussi laborieux.

IRL (In Real Life), même si ce n'est pas simple de se lancer, l'environnement extérieur reste une bonne excuse pour appréhender sa *target* :

Dans un bar :

« Excusez-moi, j'hésite entre plusieurs cocktails et le vôtre a l'air bon, vous me le conseillez ? »

« Wow, c'est votre ami(e) là-bas ?
Sa Macarena revisitée est assez comique à regarder ! »

« On dirait que votre pote vous a abandonné(e), je peux jouer les remplaçant(e)s le temps qu'il/elle revienne. »

« On a un débat avec mon groupe d'ami(e)s et il nous faut l'avis de personnes extérieures : concernant le papier toilette, extérieur ou intérieur le pliage ? »

Définition de l'accrobranche :

Activité de plein air consistant à se déplacer de branche en branche et d'arbre en arbre dans une forêt spécialement aménagée.

Définition de l'accrobranche dans la jungle Tinderienne :

Activité à temps plein consistant à se déplacer de conversation en conversation en essayant de capter l'attention de son auditoire dans une jungle particulièrement hostile

Dans la rue :

« Désolé(e) de vous déranger, mais je cherche la meilleure boulangerie du coin. »

« Le bus est passé il y a longtemps ? »

« L'approche est surprenante, mais j'adore vos sneakers ! Elles viennent d'où ? »

« Vous avez l'air de revenir de la salle de sport, et je cherche justement une salle sympa. Des conseils ? »

l'Accrobranche tinderienne.
l'art de trouver une bonne accroche pour passer au niveau supérieur.
Next ← level
Je vois que tu aimes le vin ! je connais un super caviste, tu m'accompagnes ?
level 3
hello ! Sympa ta Bio ! Tu viens d'où ? Moi Paris !
level 2
Bonjour, comment vas-tu ?
level 1
slt ! ça va ?
level 0

Les pépites d'accroche

Tu as flashé sur un gros poisson et tu as un match : **JACKPOT**.

En revanche, si tu considères ce profil comme un top level, tu n'es probablement pas le/la seul(e).

Comment faire la différence au cours de la conversation ? Comment espérer un retour ?

KK SAVA ?
C.E.S.T. N.O.N

Et même si tu as la décence d'écrire correctement « Salut, ça va ? », si la personne répond, la conversation n'ira généralement pas beaucoup plus loin que « Oui ça va, et toi ? »

Ça n'accroche PAS. Il faut des épines, un crochet, de la colle, du papier à mouches, du scratch. On vous a demandé dans un sondage publié sur notre page Instagram quelles étaient les pires accroches *ever* :

Salut !
Tu mesures combien ?

« Qu'est-ce qu'une personne aussi canon que toi fait sur Tinder ? »

Tu recherches quoi ici ?

« Je vais supprimer l'application, retrouve-moi sur Insta @ »

Mais comme avec les biographies, nos régions ont du talent et vous savez faire mouche !

Rire ou pleurer ? À toi de voir, mais on ne pourra pas dire que l'originalité n'est pas au rendez-vous.

Vas-y, t'as l'air cool, ça te dirait qu'on se voie ce week-end ?

Why not, mais j'me fais opérer demain des dents de sagesse, je suis pas sûre du résultat à j+4 mdrr !

J'suis sûr que tu mettras pas les dents au moins mdr.

Si t'as un orgasme c'est toi qui paies, si t'en as pas c'est moi qui paie ;)

Best deal everrrrrr !

Go le dîner à l'œil !

Je ne sais pas où tu es sur tes photos mais ça donne envie !

Le paysage ou moi ?

Le paysage.

Helloo
Avant toute chose, je tiens à dire que je ne suis pas un énième connard qui veut coucher avec toi .
Sauf si tu aimes la levrette ? 🙃

Hello Marie, comment vas-tu ? Tu es magnifique !
Tu ressembles beaucoup à mon ex, Jessica.
Je t'embrasse.
François

Bonsoir François,
Petit conseil pour les prochaines femmes que tu vas TENTER de séduire, parler de son ex ne jouera jamais en ta faveur. Mets du cœur dans ta recherche, ça risque d'être long.
Bien cordialement, Marie

J'aimerais être ta lampe de chevet pour que tu m'allumes tous les soirs.

Tu serais un DM de math, je serais en train de te finir sur mon bureau.

J'suis ta cheminée, j'ai besoin d'être ramonée.

1, 2, 3 doigts, prépare le passage de l'anaconda.

Salut Maya ! 😉
Tu as dû rester longtemps au frigo parce que t'es vraiment fraîche !

Ca marche vraiment ce genre de technique de drague ?

Il y a comme une ressemblance entre moi et ton chat sur la photo.

C'est vrai, tu as raison. Une part clair et une part sombre.

Très belle analyse.

T'as gagné le droit de me caresser du coup.

Salut Nina,
Jolie photo.

Malgré cette approche, j'espère que tu me prendras pas pour un charo. Je ne suis pas Victor Hugo pour te dire des grands mots, ni Verlaine pour te dire des poèmes, je reste moi-même, pour te dire que j'aimerais qu'on ken.

J'te prendrais bien en levrette dans un musée, mais on m'a dit de pas toucher aux œuvres d'art.

Vas-y on devine nos tailles.

1.67

1.62

Je dirais 16 cm pour toi.

T'es une rigolote toi.

T'as compris que je parlais de ta bite ?

Pauline : Oups... Alzheimer précoce ?

On se connaît non ?

😂 😂

Ah ben oui, on a même couché ensemble, donc oui.

D'où vient ma fiancée ?

De la chatte sa mère ma foi !

J'ai couché avec ton frère, donc ça va être compliqué. Je sais pas pourquoi je t'ai liké, ahahah vive les petites villes.

Ahahahah

J'imagine que t'as jamais eu une approche comme ça.

Mdr non c'est ce que je me disais.

Si la brigade du kiff se pointe pour notre future nuit ensemble, on prend perpète !

Hello Anne-Charlotte,
Ça va ?
J'ai un petit souci, j'ai pris un Airbnb mais je me suis trompé dans mes dates de départ. Je dois le rendre ce matin et non demain matin. Mon billet pour Paris est pour le 6 et il me reste 10 euros en liquide puisque je me suis fait voler ma CB.
Je cherche un toit pour la nuit, en échange d'un petit repas, d'un petit massage ou de ma présence !

Ça marche vraiment ce genre de technique de drague ?

C'est la première fois que je me retrouve dans cette situation.

Je te baise.

Cool, par contre désolée mais j'ai absolument rien senti.

Hello !

Bon, pas pratique le braille pour chatter sur Tinder !

On peut essayer le morse si tu veux :)

Nickel, ça facilitera les choses ! Mais enfin il vaut mieux ne pas être aveuglé par l'amour.

(pour le morse) On ne sera donc probablement plus capables de le lire.

—— · — ·· — — ··· · · —— — · — · ·· — ··—— — — ··
· — · —— — · — · — — — ···

Coucou, jeune et jolie demoiselle.

Salut, moi c'est madame.

Ah, tu ne m'avais pas dit que tu étais mariée ! Donc ici pour trouver des « amants » au sens propre du terme 😂

Aux yeux de la loi, « mademoiselle » n'existe plus ! Je déteste qu'on me dise ca.

CC ça va ? Tu veux t'amuser ?

Uno ?

Heyyyyyy ! 😈
Ça te dit un plan à trois avec un mec très bien monté ?

Carrément ! On propose à ta mère ?

36 ans ?

Nan 35 en vrai, why ?

Pas mariée, pas de gosses. C'est pas un peu tard ?

Ahaha non, figure-toi que ce sont les hommes qui deviennent stériles en premier. C'est pour ça que je matche des petits jeunes.

J'espère que tu as étudié le droit parce que pas sûr que ta beauté soit légale.

Tu connais @tinder_et_ses_pepites ?

Et quand reviens-tu ?

Dis quand reviendras-tu ?

Barbara.

Non, moi c'est Juliette.

LOL mais ce sont les paroles d'une chanson de Barbara.

Ah bon ?

De quoi t'as envie ?

D'écouter Barbara.

Dans mes bras ?

Non.

31/08

Bien le bonjour ^^ Comment vas-tu ?

09/09

J'me porte bien pour ma part.

Hey ! T'as fait quoi de beau ce week-end ?

Coucou !
Je suis aux Philippines en vacances, mais j'ai chopé la tourista donc c'est pas la grande forme.

Tu es si sensuelle, trop hâte de me taper des barres avec toi :)

Tant que tu ne me tapes pas avec des barres, ça va :p

Hier

Salut.

Aujourd'hui

Bon vent. Tu ne m'intéresses pas.

Thomas : Vent mistral assez important pour le reste de la journée.

👍

Je pensais pas qu'il pouvait y avoir pire que « Salut, ça va ? » pour briser la glace.

Je suis désolé, mais je suis nouveau dans le programme et je ne sais pas comment utiliser le système.

Salut.
Ça va ?

Holà ! 😉 (merci google traduction)
J'avais envie de changer, d'habitude je suis plutôt du genre « kk »
Comment vas-tu ?

Bien et toi ? 😂😂😂

Je vais bien merci 🙂

En fait je ne sais pas trop quoi dire. Qu'est-ce que tu as envie d'entendre ? Tu veux que je te pose des questions ?
C'est chelou, là.

Tu bosses dans quoi ?

Intérim, j'touche à tout, et bientôt à toi ! 😏

Coucou toi !
Bonne année ! Je me suis inscrit après m'être séparé il y a quelques mois, c'était une longue relation (8 ans) du coup sincèrement je suis pas sûr d'être prêt à me poser, je suis pas non plus sur les coups d'un soir, je veux pas enchaîner les filles, je suis plutôt plans cul améliorés, un truc sans prise de tête mais dans le respect où on peut aussi faire des trucs en dehors, genre resto ciné, etc., et voir où ca nous mène. Après si tu penses que je suis seulement là pour des plans cul je te dis ce que je veux en ce moment, tout peut changer selon le feeling. Si tu es maman et que tu as des vergetures ou autres, c'est pas le plus important pour moi. Sache que moi aussi j'ai des défauts, enfin je trouve. Tu peux me donner ton Snapchat au cas où, car je ne suis pas très très souvent ici, voilà.
Bisous

Pauline : Je peux avoir le résumé du livre, SVP ?

Coucou, plutôt raclette ou levrette ?

😏

Désolée, j'suis plutôt team aligot !

Dame de cœur , à toi l'honneur.

Quel gentleman, wow !

Dame de carreau, viens me lécher le poireau.

❤️

On en est déjà là ?

Tu as raison.
Commençons par baiser d'abord.

Salut, tu voudrais pas être mon petit doigt de pied ? Que je te défonce sur tous les meubles de la maison.

Je me suis fait arrêter par la police en t'écrivant… Le flic m'a fait toute une leçon, genre de ne pas envoyer de message en conduisant et je lui ai expliqué que c'était Tinder.
Je lui ai montré ta photo, il m'a laissé partir à condition que je t'invite pour un premier rdv.

Salut, tu serais pas du papier bulles ? Car j'ai envie de t'éclater.

Hello 😉
On se connaît, j'ai ton CV sur mon bureau ! 😂

Thomas : Je sais pas si on peut vraiment dire qu'ils se connaissent.

Le secret d'une bonne accroche ?

Le secret, c'est qu'il n'y a pas de secret ! (Bouhhhhh la phrase tarte à la crème)

Bah oui... tu peux avoir une accroche drôle, mignonne et inspirée de T&P : si la personne la reçoit pour la première fois, ça l'interpellera et la fera sourire. Mais si tu es la 100ème personne à lui envoyer cette phrase d'accroche, elle aura perdu de sa saveur et tu passeras pour le/la lourd(e) qui manque d'originalité !

Les variables sont essentielles : l'humeur de la personne, la météo, comment s'est passée sa journée, si ton accroche est originale, si ton match n'est pas une erreur, si... si... si.

Néanmoins, ce que l'on a pu constater de notre côté, c'est que ce message doit être personnalisé un minimum ; pourquoi ne pas commencer en citant le prénom de la personne ? Le mieux, c'est encore de pouvoir entamer la conversation avec une question ouverte, ou bien avec une remarque sympa en lien avec la bio. Ça montre que tu as fait l'effort de t'intéresser à l'autre. Ah oui, et la POLITESSE, c'est gratuit, ça ne mange pas de pain et ça fait gagner des points (+ gros gros bonus sur l'orthographe).

Du coup, ça implique d'avoir une bio sur laquelle les autres peuvent rebondir un peu ! Penses-y lorsque tu rédigeras la tienne... ce sera toujours plus sympa pour tes matchs de pouvoir t'aborder sur un sujet que tu aimes.

Thomas :
Citer le prénom ? Oui !
Se tromper de prénom ? Non !

Après, oui, c'est évidemment plus facile de copier-coller un message et de le mitrailler à tout-va... mais au final, ça prouve surtout que tu n'y crois pas trop toi-même !

On te l'accorde, c'est pénible de se casser la tête, de prendre le temps d'aller écouter la musique dans la bio, de trouver une accroche satisfaisante pour qu'au final le match soit supprimé ou le message ignoré. OUI, ce n'est pas simple, l'ego en prend un coup, et on a l'impression de perdre son temps. Mais c'est en persévérant et en multipliant les tentatives qu'on finira par trouver ce qui nous correspond. Ne vaut-il mieux pas privilégier la qualité à la quantité ?

Et puis si ce match ne comprend pas ton humour, c'est que vous n'êtes pas sur la même longueur d'onde !

Surtout, n'en fais pas une affaire personnelle... parce qu'on peut vite perdre espoir. Le virtuel peut être cruel. Alors il faut prendre un maximum de recul : si ça marche, TANT MIEUX... et si ça ne marche pas, TANT PIS. Et puis, qui sait, un jour ça matchera !

RESTE TOI-MÊME.

Impossible n'est pas moi

Ceux et celles qui osent des trucs improbables pour obtenir un numéro de téléphone... (mais ça ne se finit pas toujours bien !)
Les histoires en IRL #attention #respectdelavieprivée

Je lui ai donné un coup de genou dans le tram.
Coralie

J'ai squatté le même bar presque tous les jours pendant 6 mois pour pécho le serveur.
Camille

J'ai écrit mon numéro en grand sur un cahier et je l'ai collé sur ma vitre à son niveau à 130 km/h sur l'autoroute.
Axel

J'ai écrit à la Police nationale sur Face-de-bouk.
Fatouma

J'ai prétexté que je n'avais plus de batterie et je lui ai demandé si je pouvais emprunter son téléphone pour appeler ma sœur.
Gaëlle

Je réalise un tour de magie avec des cartes, et à la fin je m'arrange pour qu'elle appelle ma messagerie.
Florian

Je demande à ce qu'on m'appelle parce que je ne sais plus « où j'ai mis mon portable ».
Lily-Rose

J'ai pris son numéro sur un CV déposé dans la boutique dans laquelle je bossais.
Jules

J'ai contacté une vieille connaissance, un pompier (pas parlé depuis trois ans), pour qu'il me trouve le numéro d'un pompier qui m'avait vaccinée dans une autre caserne.
Sandra

J'ai chopé son numéro sur l'étiquette d'un bagage à main à l'aéroport.
Anaëlle

Pauline :
Oups, on ne le racontera pas ici, mais j'ai fait des trucs assez oufs pour obtenir des numéros de téléphone.

J'ai donné le mien ! Et si c'est facile pour certains, moi, ça m'a demandé pas mal de courage.
Mélanie

J'ai laissé mon numéro sur le pare-brise de sa voiture.
Cindy

Je savais qu'elle avait mis des trucs à vendre sur Leboncoin, du coup je l'ai contactée *via* l'annonce et j'ai récupéré son numéro.
Jean-Baptiste

J'ai chopé le numéro d'un patient sur Doctolib et envoyé un sms au culot…
Bérangère

Je commande en livraison pour les autres. Puis je leur demande de me faire un virement rapide *via* les applications qui nécessitent le numéro de téléphone.
Laurent

J'ai fait en sorte qu'un ami en commun crée un compte WhatsApp pour le récupérer.
Émeline

J'ai appelé son père et me suis fait passer pour une agente de la CAF en prétextant que j'avais besoin de le joindre.
Marie-Rose

Classique, j'ai écrit mon numéro sur une serviette pour le serveur, que j'ai fini par pécho.
Laurène

J'ai recherché une nana qui passait un oral face à un jury dont je faisais partie…Finalement, elle avait fait la même démarche !
Pierre

J'avais repéré un ami de ma sœur. Du coup je lui ai dit que je lui organisais un anniv surprise, histoire de récupérer tous les numéros.
Batia

Et ensuite ?

L'aventure est loin d'être terminée... mais on ne peut pas te promettre que ça va se calmer...

Après tout, quelle aventure est reposante hein ?

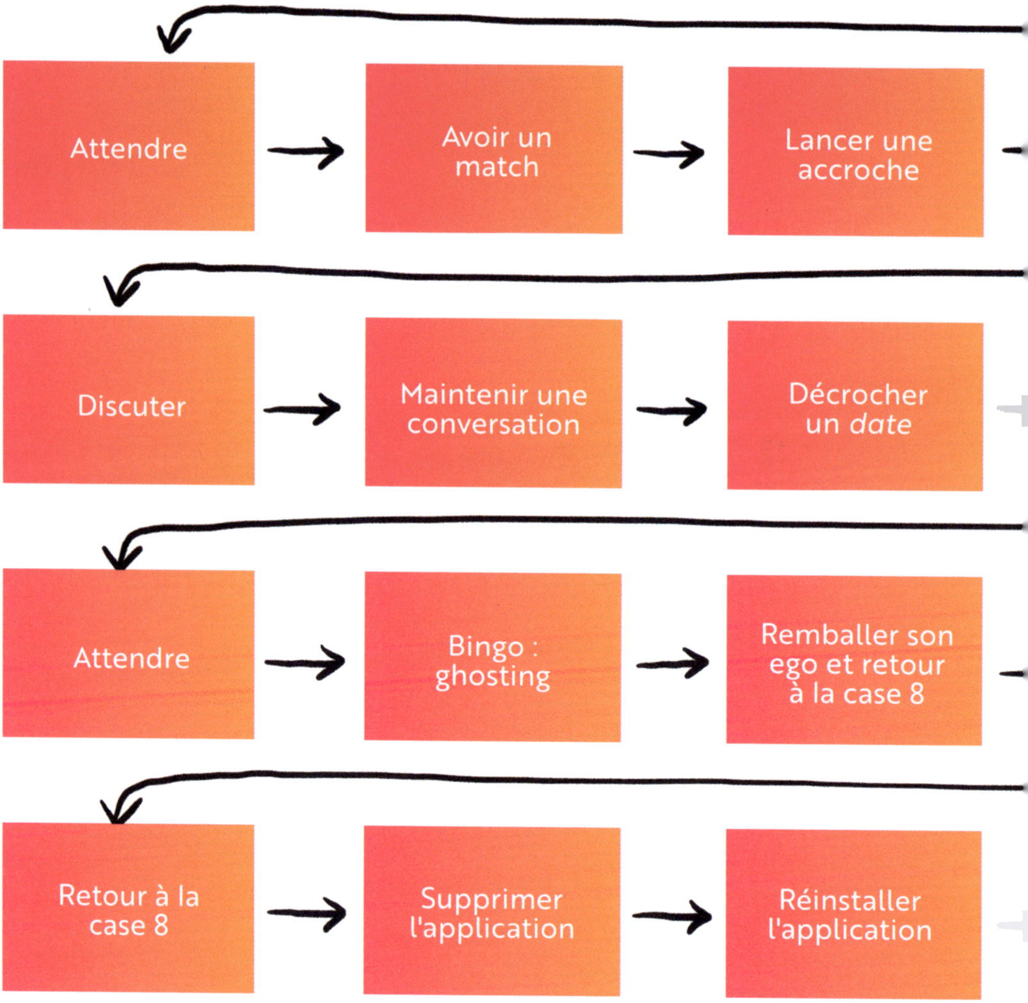

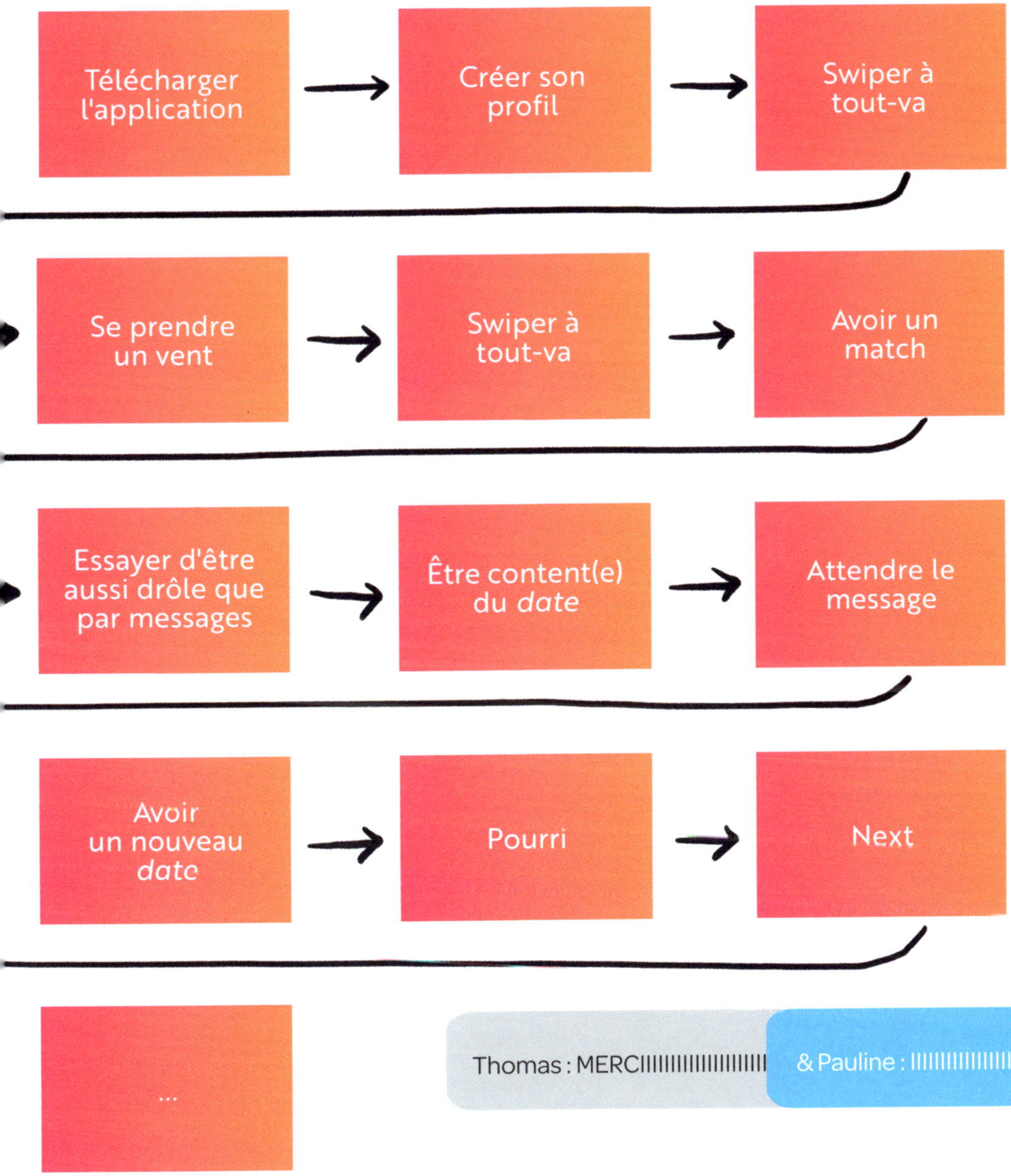

Thomas : MERCIIIIIIIIIIIIIIIIIIIIII & Pauline : IIIIIIIIIIIIIIIIIIIIIIIII

Bref. Cher lecteur, chère lectrice, tu l'auras compris : la jungle Tinderienne est impitoyable. On te donne rendez-vous bientôt pour un prochain *date*, ou sinon dans le Tinderverse !

REJOIGNEZ NOTRE COMMUNAUTÉ DE LECTEURS !

Inscrivez-vous à notre newsletter et recevez des informations sur nos parutions, nos événements, nos jeux-concours… et des cadeaux !
Rendez-vous ici : **bit.ly/newsletterleduc**

Retrouvez-nous sur notre site **www.editionsleduc.com** et sur les réseaux sociaux.

Leduc s'engage pour une fabrication écoresponsable !
« Des livres pour mieux vivre », c'est la devise de notre maison. Et vivre mieux, c'est vivre en impactant positivement le monde qui nous entoure ! C'est pourquoi nous avons fait le choix de l'écoresponsabilité. Un livre écoresponsable, c'est une impression respectueuse de l'environnement, un papier issu de forêts gérées durablement (papier FSC® ou PEFC), un nombre de kilomètres limité avant d'arriver dans vos mains (90 % de nos livres sont imprimés en Europe, et 40 % en France), un format optimisé pour éviter la gâche papier et un tirage ajusté pour minimiser le pilon ! Pour en savoir plus, rendez-vous sur notre site.

MIXTE
Papier issu de sources responsables
FSC® C007507
FSC www.fsc.org

Cet ouvrage est composé de matériaux issus de forêts bien gérées certifiées FSC®, de matériaux recyclés et de matériaux issus d'autres sources contrôlées.

Achevé d'imprimer en décembre 2022 par Graphycems
Dépôt légal : janvier 2023
Imprimé en Espagne